Lampenfieber

내 안의
겁쟁이 길들이기

Lampenfieber. Stark sein unter Stress
by Irmtraud Tarr
ⓒ 2009 Verlag Herder GmbH, Freiburg im Breisgau
All rights reserved.
Korean translation edition ⓒ UI Books, an imprint of Iljinsa Publishing Co.
Published by arrangement with Verlag Herder GmbH through Orange Agency, Seoul.

이 책의 한국어판 저작권은 오렌지 에이전시를 통해 Verlag Herder GmbH와 독점 계약한 유아이북스에 있습니다. 저작권법에 의해 한국 내에서 보호를 받는 저작물이므로 무단 전재와 무단 복제를 금합니다.

Lampenfieber
내 안의 겁쟁이 길들이기

1판 1쇄 발행 2012년 9월 25일
1판 3쇄 발행 2018년 3월 30일

지은이 이름트라우트 타르
옮긴이 배인섭
펴낸이 이윤규

펴낸곳 유아이북스

출판등록 2012년 4월 2일
주소 서울시 용산구 효창원로 64길 6
전화 (02) 704-2521
팩스 (02) 715-3536
이메일 uibooks@uibooks.co.kr

ISBN 978-89-98156-02-2 03180
값 13,500원

* 이 책은 저작권법에 따라 보호받는 저작물이므로 무단전재와 복제를 금지하며, 이 책 내용의 일부를 이용할 때도 반드시 지은이와 본 출판사의 서면동의를 받아야 합니다.

* 잘못된 책은 구입하신 곳에서 바꾸어 드립니다.

내 안의
겁쟁이
길들이기

| 이름트라우트 타르 지음 · **배인섭** 옮김 |

유아이북스

Preface
머리말

아슬아슬한 줄타기와 같은 삶

무릎이 덜덜 떨리고, 식은땀이 줄줄 흐른다. 손도 부들부들 떨리고, 맥박이 빨라진다.

직위나 직책을 막론하고 거의 예외는 없다. 사람들 앞에 서서 무언가를 들려주거나, 표현하려는 순간에 말이다. 대중 앞에서 창피를 당하고 싶은 사람은 아무도 없다. 불행하게도 우리는 생각과 달리 공포 반응을 일으키는 자율 신경계의 희생자가 될 때가 많다.

무대공포증은 미지의 것이나 통제 불가능한 상황, 혹은 예측 불가능한 힘에 자신이 내맡겨져 있다는 불안감에서 비롯된다. 아슬아슬한 줄타기와 같은 느낌에 비유할 만하다. 무대공포증 증세가 가볍다면 능력을 오히려 배가시킨다. 무대에 선 사람이 정신을 바싹 차리고 고도로 집중할 수 있게 도와줄 수 있다. 그러나 그 정도가 지나치면 무대공포증은 정신과 육체를 마비시키는 공포를 몰고 온다. 자포자기 상태까지 유발할 수 있다.

전문가들은 오래 전부터 무대공포증을 극복하는데 필요한 방법이나 기술을 소개하고 있다. 매년 무대공포에 관한 다양한 정보와 처방이 쏟아진다. 일부 전문가는 주목을 받기 위해 적잖이 과장된 약속도 불사한다. 효과가 있다면 다행이다. 하지만 그렇지 못했다. 무대공포증에 시달리는 이들은 오히려 더 큰 절망을 맛보았다. 힘겨운 노력에도 불구하고 기대했던 변화가 나타나지 않았기 때문이다. 이유가 뭘까?

흔히 접하게 되는 조언들을 분류해보면 크게 세 가지 명령문으로 요약된다.

'냉정함을 유지하라!', '긍정적으로 사고하라!', '자신감을 가져라!' 등이 그것이다. 하지만 조금만 생각해보면 이 모두는 수단이 아니라 목표다. 즉, 무대공포를 극복하고 났을 때 결과를 보여주는 것에 불과하다.

무대공포증을 극복하는데 효과 빠른 수단이나 일률적으로 들어맞는 방법은 없다. 불안감이나 두려움이라는 감정부터가 너무도 광범위하다. 논의하기 진부할 만큼 인간 내면에 뿌리내린 속성이기도 하다. 이 두려움은 무조건 나쁜 것만도 아니다. 생존을 위해 우리 영혼이 갖추고 있는 중요한 장비다. 살아가는 가운데 길을 잃고 헤매지 않기 위해 절대적으로 필요한 감정이다. 두려움은 살아가는 내내 우리와 동행하고 진화생물학적으로 아주 중요한 의미를 갖고 있다. 그렇기에 두려움 없이는 살아남을 수 없다. 한마디로 공포는 우리가 가진 소중한 재산이다.

그래서 두려움은 정복이 아닌 관리의 대상이다!

여기서 '관리'라는 단어는 두려움에 대한 관계를 설정함에 있어서 중요한 방향을 제시해준다. 적당한 대답을 찾기 위해 정면으로 부딪치는 것이 아니라 두려움을 야기하는 상황을 돌아보면서 인지하고, 두려움이 의미하는 바를 이해하는 자세가 바로 그것이다. 이를 위해 자기 관찰 그리고 자기 대면의 자세가 요구된다. 그래서 자신의 입장을 솔직하고 정당하게 평가하고 고려하는 게 중요하다.

대부분의 전문가 조언은 획일적인 표준에 따른다. 사람의 개성을 진지하게 고려하지 않는다는 얘기다. 그 결과 해결책은 기본적으로 과장된 형태를 띤다. 이 점을 극복하기 위해선 각자에게 적합한 대처 방법을 시험하고 찾아내야 한다. 필자는 그래서 이 책을 독자 누구나 스스로 자기 자신을 위한 조언자가 되도록 서술하고 구성했다. 책에 실린 조언들을 각자 자신의 삶에 적용하고 통합할 수 있도록 유도한다. 어떤 방식으로 조언을 실제에 적용할 지는 독자 여러분들 자유에 맡긴다. 책에 실린 제안의 실효성에 대해선 자신 있다. 이 책은 저자 개인적으로 15년 전에 낸 동명의 첫 책을 기반으로 한다. 그만큼 오랜 검증 기간을 거쳤다.

이전 책이 주로 대중 앞에 음악을 공연하는 무대 상황에 국한돼 있다면, 이번에 내놓는 책은 이를 넘어 다양한 무대, 즉 강연, 연설, 방송 출연 등의 상황에까지 염두에 둬 완성됐다. 실제 필자 개인의 삶도 음악 무대를 넘어 다양한 매체로 확장됐다. 그 경험은 감성심리학과 신경과학의 새로운 발견들과 결합해 이 책 속에 녹아들었다.

'사람들이 나를 어떻게 볼 것인가?'와 같은 문제는 궁극적으로 자기감정의 문제다. 많은 이의 시선 앞에서 우스꽝스럽고 창피한 모습이 돼 자기의 약점이 드러나고 체면이 구겨지는 일은 대부분의 사람들이 대단히 두렵게 여기는 상황이다. 이 때 '어떤 사람이고 싶다'는 기대와 '실제 자신을 어떤 사람으로 느끼고 있는지' 하는 자아 인식 사이의 편차가 크면 클수록 그 두려움은 더 하다. 자기의 실체와 약점이 드러나는 것을 두려워하기 때문이다. 결국 무대공포증은 근본적으로 다른 사람들의 시선을 통해 확인되는 자기 자신의 가치에 관한 두려움인 것이다.

그 가치는 누가 평가하는가? 언제나 세 개의 평가 주체가 존재한다. '타인', '과거에 관계를 맺었던 인물들' 그리고 '자기 자신'이다. 무대공포증은 언제나 나에 대한 외부의 평가, 과거에 내게 주어졌던 평가 그리고 현재 나 자신에 대한 스스로의 평가 사이에서 벌어지는 팽팽한 줄다리기에서 비롯된다.

무대공포증을 다루면서 흔히 보이는 문제는 관심의 초점이 지나치게 자기 관찰의 문제나 자아 중심으로 향한다는 점이다. 보통 이런 생각에 휩싸인다는 의미다.

'나답지 않게 지금 내가 뭘하는 거지? 다른 사람은 이런 나에 대해 어떻게 생각할까?'

반면에 실제 진행되고 있는 일 자체에 대한 관심은 너무도 적다. 따라서 무대공포증에 대처하는 첫 번째 걸음은 다음과 같은 한 마디로 정리할 수 있다.

일 자체를 추구하며 그 과정에 집중한다.

타인들 앞에 자신 있게 나서는 일은 서핑이나 피아노 연주처럼 배우고 익혀야 가능하다. 저절로 이뤄지는 게 아니다. 이 말에 충분히 수긍할 때 자신을 냉철하게 평가하고, 그 평가를 바탕으로 행동할 수 있다. 현실은 무시한 채 무턱대고 '무조건 하면 된다'고 생각하는 사람은 이미 스스로에게 과도한 요구를 하는 셈이다. 실제와 자아인식 차이가 크기에 오히려 쉽게 무대공포의 덫에 걸린다.

필자는 적용 가능한 갖가지 방법을 제시할 것이다. 전반적으로 무대공포증이라고 하는 부정적 에너지를 긍정적으로 이용하는 방법들이다. 두려움의 에너지를 영감을 자극하는 힘, 그리고 미래에 대한 기대와 즐거움을 불러일으키는 자극제로 변화시키는 길이기도 하다. 이를 위해선 두려움에 대한 적절한 관리가 필요하다. 지름길은 없다.

오직 하나의 길이 있을 뿐이다. 다름 아닌 끝없는 연습이다. 그 길을 걷다보면 무대공포증 속에 우리가 미처 알지 못한 기회가 숨어 있음을 알게 된다. 이것이 우리가 찾는 공식이요 해답이다.

이름트라우트 타르 Irmtraud Tarr

Contents ••목차

| 머리말 | 아슬아슬한 줄타기와 같은 삶 · 005

 01 사람들 앞에선 왜 떨릴까

도망갈 것인가, 맞설 것인가 · 017
착각은 목숨까지 위협한다 · 024
인간은 누구나 연극을 한다 · 033
과소평가의 두려움 · 041
관심의 마법 · 045
증세는 천차만별이다 · 052
공포를 감지하는 신체 기관이 있다 · 059
비합리적인 기대심리 · 064
타인의 시선에서 · 074

 02 무대공포증의 정체를 밝혀라

감정의 감별 작업 · 081
내면의 목소리에 귀 기울여라 · 085
비평가와 완벽주의자 / 087

의심꾼과 독단론자 / 089
겁쟁이와 보호자 / 092

다양한 임시방편들 · 095
자기감정 이해하기 · 102

두려움 / 103
수치심 / 107
짜증과 분노 / 110
혼란감 / 112
욕망 / 114

내 안의 동맹군 · 118

스승 / 119
확신 / 121
호기심 / 123

 03 위기 탈출을 위한 통로

공포와 맞서다 · 129
확신을 갖기 위한 실천 가이드 · 135
신체 훈련법 · 139

호흡으로 내적 지각 깨우기 / 141
4차원 호흡 / 144

호흡 느끼기 / 144
　　　호흡 듣기 / 145
　　　하품과 한숨 / 146
　　　2단계 호흡법 / 146
　　　코 호흡 / 147
　　　코르셋 호흡 / 148
　　　5박자 호흡 / 148

자신있게 말하기 · 150

적당하게 긴장하라 · 158
　　　자신을 풀어놓기 / 161
　　　흠뻑 젖은 스펀지 기법 / 162
　　　고무인형 기법 / 163

부정적 사고방식과의 이별 · 165
　　　자기 상담 / 166
　　　| 소모적인 사고습관의 확인 | 자신과 하나 되기 |
　　　내면의 무대 구성하기 / 170
　　　긍정적 자기표현 / 175
　　　정신 훈련 / 178
　　　| 내면적 인지 | 외면적 인지 | 근감각적 인지 |
　　　마음속 화면 / 179
　　　정신적 공간 창조하기 / 180
　　　긍정의 암시 / 182

걱정 ABC / 185

유머와 여유 · 186

감정 조절 / 190
| 감정 긍정하기 | 느낌 강화하기 | 불쾌한 느낌에 자신을 내맡기기 |
| 감정과의 대면 |

창의적인 대응법 / 199
| 무대공포증 그리기 | 새로운 관점 만들기 | 두려움과 즐거움의 콜라주 |
| 감성적 에너지 방출하기 | 두드리기를 이용한 감정 표현 방법 |
| 흥얼거려서 두려움 지워버리기 |

 04 무대 즐기기

무대 위의 자부심 · 207

첫인상의 마력 · 216

무대를 위한 준비 운동 / 219
| 늘이기와 펴기 | 경직된 뒷목과 어깨 풀기 |

시선 접촉 능력 키우기 / 221
| 작은 휴지부 만들기 | 시선의 대화 |

| 구급상자 | 무대공포증의 응급처방 · 225
| 맺음말 | 두려움을 용기로 · 230
| Reference | 참고문헌 · 232

chapter 1

사람들 앞에선
왜 떨릴까

무대공포증이란 것을 능력을 배가해주는 긍정적인 선물로 받아들일지, 아니면 두려움에 사로잡혀 꼼짝 못하게 만드는 부정적인 형벌로 받아들일지는 각자에 달렸다. 이는 타인에 의해 평가받는 상황을 어떻게 인식해 경험하느냐에 결정된다.

도망갈 것인가, 맞설 것인가

청중 앞에서 간단한 연설을 해야 한다고 생각해보자. 멋지게 차려입고 이리저리 돌아보며 외양을 가다듬는다. 마지막으로 거울 속의 자신을 보는 동안 머릿속으론 이미 연설하는 자리에 서 있다. 첫 문장을 되풀이해 본다. 집중력을 최대로 끌어올리고 한껏 심호흡한다.

그런데 갑자기 뱃속에서 이상한 느낌이 부글거리며 요동친다. 손이 점점 차가워지고 비참하고 치욕적인 실패의 장면이 불쑥불쑥 떠오르며 이내 머릿속을 가득 채운다.

별의 별 생각이 다 들기 시작한다.

'갑자기 할 말이 기억이 나지 않으면 어떻게 하지?'
'손이 달달 떨리면?'
'목소리가 나오지 않을 것 같아.'
'말이 영 서툴게 나오면…'
'아무래도 모든 걸 취소하고 쥐구멍이라도 찾아들어가는 것이 낫지 않을까.'
'정말 비참해지고 말거야.'

위 문장들을 읽으면서 '이거 딱 내 얘기네, 나도 그렇게 생각한 경험이 있어' 하고 느끼는 사람은 무대공포증에 대해 익히 알고 있는 셈이다. 조지 제셀 미국의 저명한 코미디 엔터테이너, 가수, 영화배우은 이렇게 말했다.

"인간의 두뇌는 정말 대단히 멋진 놈입니다. 탄생의 순간부터 작동하기 시작하지요. 문제는 연설을 하기 위해 일어서는 순간까지만 작동한다는 거죠."

기막히게 적절한 표현이 아닐 수 없다. 실패에 대한 두려움은 통제 불가능한 상황이 줄 수 있는 위험을 내포한다. 그 위험은 나아가 내적인 긴장을 야기한다. 말하자면, 무대공포증은 두려움에 맞서 자율신경이 야기하는 심적, 신체적 상태다. 무대에 등장하기 전이나 무대에 올라 있는 동안, 심지어 그 후에도 언제든 발생할 수 있다.

심리학적으로 보면 무대공포증은 일종의 스트레스다. 우리 신체는 스트레스와 만나면 이를 극복하기 위해 에너지를 공급한다. 일례로 자율신경계는 스트레스 호르몬인 아드레날린과 노르아드레날린을 무섭게 뿜어대기 시작한다. 하지만 이는 엉뚱하게 대뇌의 활동을 저하시킨다. 재빠르게 사리를 판단하는 능력이 급속하게 떨어지는 것이다. 이런 스트레스 반응을 겪게 되면 사람은 두 가지 행동방식으로 내몰린다. 바로 '도주' 혹은 '공격'이다. 두 가지 행동 방식 모두가 스트레스 상황에 대한 즉각적이면서 직접적인 반응이며, 동시에 우리가 타고 나는 생물학적 장비의 일부다.

우리의 선조들은 사냥과 수집활동을 하면서 여러 위험천만한 상황을 헤쳐 나가야 했다. 이 때 그 두 가지 행동 방식은 대단히 중요한 전략이었다. 싸우느냐 아니면 도망치느냐. 이 때 두뇌가 상황을 인식하기도 전에 몸이 먼저 반응해야 했다. 스트레스 호르몬의 도움으로 신체 기관의 활동 준비는 극대화된다. 이를 제대로 이해하기 위해선 정신심리학_{인간행동을 이해하기 위해선 생물학·심리학·사회학적 지식들을 통합적으로 이용해야 한다고 보는 정신의학의 한 분야}을 공부해야 한다.

도주 혹은 공격의 두 가지 행동 유형은 삶과 죽음을 가르는 상황에 유용하다. 당면한 목표가 치명적인 위험에서 벗어나 살아남는 것일 때 말이다. 이는 오늘날까지도 우리의 유전 프로그램처럼 필요할 때나 아닐 때나 그 위력을 발휘하고 있다.

사실 시간이 흐르면서 우리를 둘러싼 위험 요소에는 많은 변화가 있었다. 생명을 잃게 될까 두려워해야 하는 일은 크게 줄어들었다. 그럼에도 우리 존재에 대한 두려움은 여전하다. 취업 인터뷰, 시험, 콘서트, PC가 먹통이 되어버리는 상황 등은 마치 낯선 곰이 당신의 거실을 차지하고 앉아 있는 만큼의 스트레스로 몰아넣는다. 문제는 다만 그런 상황에서 방출되는 신체 에너지가 우리에게 실제로 필요하지 않다는 사실이다. 즉 '도주냐 공격이냐'의 문제는 대개 머릿속에서만, 혹은 말로만 분석된다. 물론 정신적 위협에 신체적으로 반응하면서 PC를 창밖으로 내던지거나 조깅을 하러 나갈 수도 있다. 그렇지만 현대인은 문명화된 인간답게 행동해야 하기에 적어도 무대 위에서만큼은 충동을 억누르게 될 것이다.

우리는 모든 스트레스를 피해야 하는 것일까? 결코 그렇지 않다. 두려움은 정신을 자극하기도 한다. 두려움은 특정한 신경전달물질을 발생시켜 기억의 '문지기'에 해당되는 해마가 중요한 정보에 집중하도록 도와준다. 그렇게 되면 주의력이 강화돼 새로운 자극들을 더 잘 받아들이게 되고, 상황을 주도적으로 처리하려는 동기와 의지를 갖게 된다. 어렵고 도전적인 상황의 도움으로 우리는 스트레스에 더욱 잘 대처할 수 있도록 뇌를 훈련시킨다.

말하자면, 두려움은 의미심장한 경고 신호다. 그것은 정신과 육체에 자극을 제공한다. 뇌과학자인 게랄트 휘터는 심지어 '두려움이 인류 진보의 조건'이라고 말했다. 어쩔 수 없이 새로운 행동의 가능성을 탐색하도록 강요하기 때문이다. 한 마디로 두려움은 약점이 아니다. 오히려 우리를 새롭고 적절한 행동방식으로 이끄는 건강한 능력이다.

유구한 역사 속에서 우리는 언제나 두려움을 약점과 동격으로 치부하고 멀리하기 위해 힘써왔다. 두려움은 불쾌한 대상이기 때문에 거부하고 맞서 싸우거나, 감정이 들려주는 신호를 무시해왔다. 그렇지만 두려움은 절대 그렇게 해로운 것이 아니다. 다만 부적절하게 대처할 때 우리를 힘들게 만드는 골치 아픈 문제가 된다. 이 딜레마를 해결하기 위해선 우리의 유전적 장비인 두려움에 대해 제대로 알아야 한다. 그 지식을 전제로 무대에 대한 우리의 두려움에 적절하게 대처하는 게 현명하다.

그런 맥락에서 '무대공포증'무대 공포증은 독일어로 'Lampenfieber'이다. 직역하면 '전등열기가 된다의 어원부터 살펴보는 것은 적잖이 흥미로운 일이다. 이 단어는 발미 전투1792년 9월 20일 프랑스 발미에서 프랑스군과 프로이센군이 치른 전투에 옵저버 자격으로 참여했던 괴테가 날아오는 포탄의 소리를 묘사하면서 사용했던 'Kanonenfieber'포탄의 열기에서 유래했다고 한다. 발미 전투에서 병사들은 날아오는 포탄 소리를 들으며 기이한 도취를 느꼈다고 한다. 괴테 자신도 전투 현장을 말을 타고 달리며 날아오는 포탄 소리를 들었는데 그 소리가 나무 우듬지의 바람 소리, 물소리, 또 새의 휘파람 소리 같았다고 표현한 바 있다.

그 단어는 1858년, 연극계에 처음 응용됐다. 당시 무대의 스포트라이트Rampenlicht는 전등Lampen이라고 불렸다. 바로 이 전등이라는 단어에 괴테가 전투 현장을 묘사할 때 쓴 열기란 말이 결합된 게 바로 오늘날 무대공포증을 뜻하는 독일어 단어다. 직역하면 '전등 열기'라고 할 수 있다. 인위적인 빛 아래 열기를 느낀다는 것이다.

무대 조명이 몸에 비춰지면 빛에서 나오는 열기에 체온도 상승한다. 이 때 빛은 마치 두 어깨에 얹어 놓은 무거운 짐처럼 느껴질 때가 있다. 우리 신체는 그에 따라 자체적인 방어력을 서둘러 끌어올린다. 신진대사 속도가 빨라질수록 우리는 더욱 뜨거운 열에 사로잡히고 만다. 이 때 도움이 되는 방법은 단 한 가지뿐이다. 전등 열기라는 침입자를 자유롭게 풀어두는 것이다. 그래야 그 열기를 긍정적으로 이용할 수 있다.

오늘날 무대공포증은 꼭 연극 무대에서만 쓰는 말이 아니다. 삶의 모든 무대와 관련되는 용어로 자리 잡았다. 정도 차이는 있지만 우리는 연령, 성별, 직업, 직위에 상관없이 사회적 두려움을 일으키는 상황에 쉽게 빠진다. 사람들 앞에 서서 어떻게든 최고의 모습을 보여주고 싶은 사람이라면 누구나 마찬가지다. 학교, 회사, 대학, 회의실, 운동장, 강연회, 그 어디가 되었든 대중 앞의 두려움에 노출되게 마련이다.

그럼에도 어떤 이들은 무대공포증을 유용하다고 설명한다. 그 자극을 통해 자신이 지닌 모든 것을 쏟아낼 수 있었기 때문이다. 그래서 이들은 심지어 무대공포증이 재미있고 흥분되는 요소라고 말한다. 생각과 정신을 맑고 원활하게 만들어준다는 것이다. 무대공포증은 이렇게 상황파악 능력을 향상시키고 반응속도를 높여 새로운 해결능력을 선사해주기도 한다.

한마디로 말해서, 무대공포증은 야누스의 얼굴을 가지고 있다. 한쪽은 정신과 육체를 일깨우고 집중력을 강화시킨다. 그럼으로써 수행능력을 향상시키는 자극제의 역할을 한다. 다른 한쪽은 정신과 육체를 마비시켜 수행능력에 극도의 악영향을 미친다. 한마디로 실패의 요소다.

무대공포증은 활용하기에 따라 무거운 짐도 될 수도 있고 긍정적인 신경자극도 될 수도 있다. 극단적인 경우를 제외하고는 절대로 병적인 현상이 아니고, 타인의 판단과 평가에 노출되는 상황에 대한 자연스런 심적, 육체적 반응이다. 긍정적인 신경자극을 위해선 스트레스를 적절히 관리해 이용해야 한다. 하지만 이를 실제로 훈련하고 대처하는 사람들은 극히 드물다. 무대공포증이란 것을 능력을 배가해주는 긍정적인 선물로 받아들일지, 아니면 두려움에 사로잡혀 꼼짝 못하게 만드는 부정적인 형벌로 받아들일지는 각자에 달렸다. 이는 타인에 의해 평가받는 상황을 어떻게 인식해 경험하느냐에 결정된다.

착각은
목숨까지 위협한다

무대공포증에 대해 연구하면서 중요한 사실을 알게 됐다. 무대공포증을 체험하는 형태와 방법이 사람의 생김새나 성격만큼이나 다양하다는 것이다. 무대 상황을 어떻게 평가하느냐에 따라 위협과 두려움에 대한 평가는 달라진다. 결론적으로 사람들에게 두려움을 주는 것은 무대에 등장하는 상황 자체가 아니라 그 상황에 대한 사람들 각자의 개인적인 상상 혹은 관념이다.

이와 관련해 몇 가지 상황을 살펴보기로 하자.

비웃음이 죽음보다 두려운 교사

"비웃음을 살지 모른다는 두려움은 죽음에 대한 공포보다 더 끔찍합니다."

한 유치원 교사는 '학부모의 밤' 행사에 개회 인사를 하러 나가기 직전에 이렇게 말했다.

그 진술에서 비웃음을 사는 것에 대한 교사의 두려움이 적나라하게 드러난다. 그녀는 학부모들의 비웃음을 마치 생명을 위협하는 위기로 느끼고 있다. 객관적으로 볼 때 그 누구도 그녀의 목숨을 위협하지는 않는다. 그럼에도 불구하고 여교사는 그 상황을 생명 위협으로 상상해 체험한다. 그녀는 인격체로서의 자기 가치가 다른 사람들의 시선 속에서 손상되고 무시당하는 상황이 죽음만큼이나 두려운 것이다.

 주치의에게 잘 보이고 싶은 여배우

"연기를 하다가 우연히 객석에 앉아 있는 제 주치의를 봤어요. 갑자기 마음이 흔들리고 당황해서 어쩔 줄을 모르겠더라고요. 무릎이 떨리기 시작하고 목소리가 약해졌어요. 저 사람이 나에 대해 어떻게 생각할까 하는 생각이 머리에서 떠나질 않았어요."

한 여배우의 이같은 고백에도 타인의 시선에서 나의 가치가 평가절하 되지 않을까 하는 두려움이 전면에 자리 잡고 있다. 그렇지만, 그 두려움이 그녀가 잘 보이고 싶은 특정 인물에 집중됐다는 게 특이하다. 이 점에 대해 대화를 나누면서 여배우는 사춘기 시절을 떠올렸다. 당시 비슷한 경험을 했던 것이다. 과거에 자신이 어떻게 해서든 잘 보이고 싶었던 존재는 아버지였다.

"당시에 저는 '파더 걸'이었어요. 아버지의 박수와 칭찬을 받기 위해서 항상 기를 쓰고 노력했어요. 아버지의 칭찬이 한 번도 만족스럽지는 않았어요. 더욱 잘해서, 더 인정받아야겠다고 항상 생각했죠. 그 때문인지 오늘날까지도 박수와 칭찬은 제게 절대로 포기할 수 없는 마약 중의 마약이에요."

 ## 공연 중 고통을 못 느끼는 댄서

"매번 무대에 오르기 전에 저는 병이라도 걸린 것처럼 아픕니다. 그러다 무대에 서면 곧바로 모든 감각이 사라지고 말죠. 마치 원격 조종되는 로봇처럼 춤을 춥니다. 그러다가 가끔 다치기도 해요. 최근에는 한 동료의 뾰족한 신발 코에 채이기도 했어요. 신기한 건 그래도 아무 것도 느끼지 못한다는 겁니다. 마치 내가 그 자리에 없는 사람 같답니다. 공연이 끝나고 탈의실에 들어가면 그제서야 시퍼런 멍을 발견합니다. 아주 세게 차였는데도 춤을 추고 있는 동안에는 전혀 모르는 거예요. 마치 다른 세상에 있었던 것처럼 말이죠."

이 예는 극도의 긴장 속에 있는 사람이 얼마나 집중할 수 있는지 보여준다. 그 수준은 상처와 고통을 느낄 수 없을 정도인 것이다. 고통 전체를 덮어 감추는 일종의 최면 상태, 어쩌면 황홀경이라고 표현할 수도 있는 일종의 몽환 상태에 있는 셈이다. 긴장이 해소되고 나면 비로소 육체의 신호를 인지할 수 있게 된다. 근육의 긴장이 너무나 급격해 처음에는 부상을 알아채지 못한다. 긴장이 완화되고 나서야 무슨 일이 벌어졌는지 알게 된다. 우리 신체의 스트레스 생리 작용은 우리가 처음에는 아무 것도 느끼지 못하게 하다가 나중에 고통을 주기도 한다.

 생일 파티에서 말문이 막힌 젊은 부인

"생일 파티에서 시를 낭독해야 했어요. 그런데 갑자기 눈앞이 캄캄해지면서 무엇을 어떻게 해야 할지 아무 생각도 나지 않았어요. 그전까지는 그야말로 완벽했거든요. 앞으로 뒤로, 자유자재로 외울 수 있었답니다. 하지만 막상 상황에 닥치자 머릿속이 하얘지며 그냥 그 자리에서 땅 속으로 꺼져버리고 싶더군요. 영원처럼 느껴지는 시간이 지나고 처음부터 낭독을 다시 시작했는데 오, 정말 다행히 그때는 다시 생각이 났어요."

갑자기 눈앞이 캄캄해지는 블랙아웃 현상, 갑자기 기억에 커다란 구멍이 뚫리는 순간적인 망각 현상은 무대공포증의 전형적인 증상이다. 아드레날린이 작용을 시작하면 가장 먼저 우리 사고 능력을 저하시킨다.

우리 두뇌에서 논리적 사고를 맡고 있는 부분들에 뿌옇게 안개가 낀 것과 같이 말이다. 이는 우리의 호르몬 작용과 관련이 있다. 스트레스에 관련한 호르몬은 위험에 맞서 우리 신체에 도망치든지 아니면 공격을 준비하라고 명령한다. 그러나 그것은 상황에 맞지 않다. 오로지 신체적인 위협이 있을 때 유효하다. 두려움이나 공포에 효과적으로 대응하기 위해서는 먼저 그 정체를 정확하게 인식해야만 한다. 그러고 나면 스트레스 호르몬의 역할을 단지 신체적 자극에 대한 반응으로 제한할 수 있다.

"무대에 서서 노래를 부르는 것은 정말 즐거운 일이에요. 속된 말로 '뽕가는' 기분입니다. 이 세상의 무엇을 준다고 해도 그 행복한 순간만큼은 놓치고 싶지 않습니다."

내가 아는 한 여류 코미디 배우는 이렇게 공언할 만큼 자신만만하다.

실제로 무대가 주는 열기를 상상 이상의 즐거움, 최고의 도취로 받아들이는 사람들이 있다. 그들에게 무대의 공포는 마약과 비슷한 작용을 한다. 사람들 앞에서 평소보다 더 큰 활력을 느끼는 경우도 있다. 심지어 갑자기 날개라도 돋아난 것처럼 평소보다 훨씬 더 큰 능력을 발휘한다.

무대공포증의 메커니즘은 모든 사람에게 마찬가지로 작용한다. 그렇지만 어떤 사람은 분명히 다른 사람들보다 이를 더 잘 견뎌낸다. 무엇이 그 차이를 만들어내는 것일까? 디어크 헬함머와 클레멘스 키르쉬바움의 심리학 연구팀은 스트레스 반응이 태어날 때부터 사람마다 각자 상이한 수준으로 결정된다는 사실을 발견했다. 쌍둥이에 관한 이 연구의 결과는 스트레스 반응의 약 30퍼센트가 유전적인 요인에 의해 결정된다고 추정한다. 트라우마 정신적 외상를 유발하는 유아기의 경험도 어떤 사람을 평생 특정한 두려움에 취약하게 만들기도 한다. 과거의 스트레스 경험에 과도하게 민감하게 되면 설사 외적인 충격이나 자극이 존재하지 않는다고 해도 반응호르몬이 작용한다.

성격 유형 역시 스트레스에 대한 반응을 결정하는 중요한 요소다. 성격에 따라 무엇이 두려움의 유발 요인이 되는지가 결정되기도 한다는 의미다. 심리학자들은 두려움에 취약한 성격유형이 존재한다고 말한다. 공명심이 크고 성공을 지향하는 성격이 그것이다. 이런 성격의 사람들은 매사에 지나치게 적극적으로 뛰어들어 정신없이 바쁘게 살아가며 마음이 항상 초조하다는 특징이 있다. 이들은 적대감, 신경질, 분노, 냉소, 불신 등의 감정에 휩싸여 스트레스 질환을 앓게 되기 쉽다.

무대공포증은 단순한 느낌 이상의 것이다. 정신은 물론 신체 기관의 각 세포들이 영향을 받아 평소와 다르게 움직이는 상태다. 특정한 자리에 국한된 신체적 통증과는 완전히 다른 차원의 통합적 현상인 셈이다.

무대공포증을 느끼는 사람은 머리부터 발끝까지, 몸 안에서 몸 바깥까지 그 영향에서 벗어나지 못한다. 자기 자신과 주위 환경에 대한 관계가 두려움이 없었을 때와는 질적으로 달라진다. 마음이 불안하고, 말이 막히고, 정신이 뒤죽박죽돼 어쩔 줄 모르면서 조급하기만 하다. 심적인 증상에 더불어 진땀, 오한, 설사, 순환기 장애, 복통, 두통과 같은 육체적 증상까지 겪으면 두려움은 더욱 증폭된다. 무대 위에서 내려오면 좀 전의 증상들은 잠시나마 사라지겠지만, 잠재적인 불안감은 계속된다. 이는 자신에 대한 불신, 실패에 대한 두려움을 더욱 키우는 확대경처럼 작용한다. 그렇기에 공포증의 배경부터 근본적으로 살피는 자세가 필요하다.

이같은 맥락에서 우선 관심을 가질 문제가 있다. 무대를 두드러지게 보이게 만드는 요소가 과연 무엇인가 하는 것이다. 무대에 등장한다는 것은 청중의 존재와 참여로써 의미를 갖게 되는 사회적 상황이다. 관객은 무대를 통해 무언가를 체험하거나 경험하기를 바란다. 그렇기에 청중의 시선과 귀를 자신에게 유도해야 한다. 그래서 흥미를 일깨우고 공감을 불러 일으켜야 한다. 청중은 비단 무대 위의 인물이 전하는 바를 이해하고 기억하는데 그치지 않고 감동까지 맛보길 원한다. 그래서 기술적으로 정확하고 흠잡을 데 없는 수준으로는 충분치 않다. 어떤 식으로든 인상적이어야 한다. 기술적인 완벽함도 나름대로 만족을 주기는 하지만 관객들의 기억 속에 특별한 흔적을 남겨놓지는 못한다. 우리들이 축구 경기장을 찾아 갈 때는 놀라운 골 장면을 연상한다. 관중들 기대심리도 비슷하다. 즐기고 싶고, 감동받고 싶고, 색다른 경험을 누리고 싶다.

"소름이 훅 돋고 가슴이 짜르르 하고 심장이 미친 듯 뛰어야 한다."

내가 아는 어떤 학생은 무대에 대한 기대감을 이렇게 표현하기 한다.

모든 무대 활동은 표현이자 소통이다. 경험과 지식을 나누는 일이다. 모두에게 특별한 체험의 순간을 만들어준다. 사람들이 일반적으로 서로에 대해 긋는 경계선은 투과성을 가지고 있다. 참여와 나눔이 발생할 수 있도록 말이다. 강렬함, 집중, 긴장 그리고 활력과 같은 요소들은 무대에 서는 사람에게 주어지는 요구들이다. 때문에 연설이든 콘서트이든 스포츠 행사이든 관계없이, 친숙한 과거의 느낌을 유지하는 것과 익숙하지 않은 낯설고 새로운 느낌 사이의 균형이 중요하다.

너무 익숙한 것도, 너무 새로운 것도 청중에게 저항감을 일으킨다. 청중은 두 가지를 원한다. 한 가지는 참여를 통해 관객 스스로를 표현할 수 있는 것이고, 다른 한 가지는 스포트라이트를 받고 있는 인물이 보여주는 지금껏 시도되지 않았던 가능성, 소망, 동경을 함께 나누는 것이다.

무대에 나선다는 것은 자신을 보여준다는 뜻이다. 불확실함에서 벗어나 청중 앞에서 알아볼 수 있는 상태로 정체를 드러내는 것이다. 이때 자신을 내보이는 사람은 평소보다 과장되게 움직이기 마련이다. 남들에게 주목받으면서 높은 자리에 섰다는 느낌 탓이다. 실제 이런 상황엔 주목이나 존중을 받는다. 무대에 선 사람과 청중은 반응을 서로 교환한다. 무대 위에서 펼쳐지는 내용을 넘어 감정 영역까지 그렇다. 청중은 무대에 선 이에게 관심을 선사하면서 자기 존재감을 얻는다. 모든 행사는 등장인물이 관객으로부터 거리를 두고 신비화하면서 상호작용을 연출한다. 여기엔 시간, 장소, 연출 그리고 역할 부여 등 여러 요소가 작용한다. 즉흥적인 모임과는 달리 무대 발표를 하는 경우, 무대 위에 등장하는 사람이 할 역할에는 미리 형태와 내용이 정해진다.

무대 출연자는 한 몸에 기대를 받는다. 그만큼 관중으로부터 힘이 부여된다. 그러나 바로 거기에 문제가 숨어있다. 기분 좋게 우쭐할 수도 있는 이런 특수한 역할에는 청중의 기대감이 따른다.

사람들은 대개 운동이나 연설, 음악 등 분야에서 다른 이들보다 뛰어나다는 느낌을 스스로 즐기는 정도로는 만족하지 못한다. 뛰어난 능력을 직접 보여주고 전달하려고 한다. 그래서 무대에서 자기 자신을 드러내는 사람들은 청중을 위해 무언가를 할 수밖에 없다. 그들은 관객이 기꺼이 갖고 싶거나 되고 싶은 것을 표현해준다. 때론 청중을 대표해 살아간다. 어찌됐던 관객은 그들과 함께다. 불가분의 관계란 얘기다.

우리의 일상에 날개를 달아주거나 우리에게 화젯거리를 제공해주는 '주인공'들에겐 공통점이 있다. 자신 앞에 대중 내지 청중이 존재한다는 사실을 명확히 의식한다는 것이다. 그래서 이들은 일정시간 동안 공감할 준비를 갖춘다. 무대 주인공과 호흡하는 관객은 조금 과장해서 말하자면 '감성적으로 전염병에 걸린' 상태다. 능숙한 무대 출연자는 이런 관객의 감정을 느긋하게 누린다. 무대에 서서 단순히 무언가를 함께 나누려는 것과 자신의 가치를 발휘해 관객에게 깊은 인상을 남기느냐 사이에는 미세한 차이가 있다. '인상印象'이란 단어에는 도장 인印, 즉 눌러 찍는다는 의미가 숨어 있다. 무대에 서면 압력을 받을 수밖에 없다. 압력을 받는 사람 혹은 스스로 압력을 받겠다고 나선 사람은 움직일 공간이 좁고 춥고 갑갑하다. 압박감 탓에 청중들로부터 분리되기 때문이다. 악순환의 고리를 끊어내려면 명심해야만 한다, 혼자 있으면 작아진다는 사실을. 청중과 함께할 때에만 무대에서 강한 인상을 남길 수 있다.

인간은 누구나 연극을 한다

'**무**대'나 '무대공포증' 같은 용어들을 다루다 보면 어쩔 수 없이 연극계에서 사용하는 개념이 따라 나오게 된다. 역할, 장면, 작품, 무대에서부터 '세상은 무대 Theatrum mundi'라는 유명한 비유에까지. 이미 고대에서부터 인류는 인생을 묘사하는데 있어 무대 위 표현을 은유적으로 사용했다. 고대인의 삶을 좌우했던 힘이 신, 운명, 정령 같은 낯설고 초월적인 존재들이었다면, 오늘날에 와서는 사회적 기대와 사회가 규정하는 역할이 위치를 대신하고 있다. 신에게 부여되었던 힘이 이제 인간들에게 귀속된 것이다.

우리는 일상에서 수많은 연극적 비유를 사용한다. '연기하고 있다',

'제 역할을 못하다', '선한 역할을 도맡다', '역할을 바꾸다' 등등. 무대 언어가 우리의 일상적 경험까지 묘사하고 있다는 증거다. '사람Person' 이라는 단어조차 어원을 따지고 들어가면 '가면'을 의미한다. 여기엔 우리 모두가 연기를 하면서 살아가고, 다양한 무대 위에서 활동하고 있다는 인식이 담겨 있다. 연극 용어는 일상에서 비유법으로도 곧잘 활용된다. 상대에게 부정적인 방향을 취하고 이의를 제기할 때 응용된다. '연극'이라는 단어 자체가 그렇다. 누군가에게 이성적으로 행동하라고 말해주려고 할 때 혹은 다시 땅을 딛고 서야 한다고 경고해주려고 할 때 우리는 이렇게 말한다.

"이제 그만 연극은 끝내야지!"

그렇지만 능숙하고 훌륭한 쇼가 오히려 현실보다 더 현실 같을 때가 있다. 자기 역할을 멋지게 소화해낸다든지 혹은 누군가에게 마치 두 번째 천성이라도 되는 것처럼 몸에 딱 맞는 역할이 맡겨진다든지 할 때 말이다. 물론 연극에서의 역할과 일상의 역할 사이에는 차이가 있다. 연극의 역할은 환상이고 일상적인 삶에서처럼 역할로 인한 실제적인 결과를 가져오지는 않는다. 그러나 연극의 역할과 일상의 역할을 하나로 묶어주는 요소가 있다. 두 가지 모두 기술을 필요로 한다는 것과 가면을 이용한다는 점, 더불어 미리 주어진 표현 수단들을 이용한다는 것, 그리고 가면이 벗겨져 정체가 탄로날 위험이 상존한다는 사실이다.

어려서부터 우리는 인생이란 무대에서 남들이 보여주는 역할을 보고 자란 후 직접 역할을 부여받아, 그 역할을 연기하도록 요구받는다. 때론 좋은 역할을, 어쩔 땐 나쁜 역할을 받고, 유용한 역할을 하기도 하고 쓸모없는 역할을 맡기도 한다. 종종 역할을 강요받기도 하고, 가끔은 자발적으로 역할을 떠맡는다. 누구나 자신이 수행할 수 있는 역할의 스펙트럼이 있고 지금까지 수행했던 역할들의 목록을 가지고 있다. 이는 기억 속에 또렷하게 각인돼 있다. 역할을 구현하는 능력은 우리 육체에 미리 주어진다. 태어날 때부터 우리 육체는 모방, 즉흥적인 충동, 소통을 위한 능력을 지닌다. 절대 한 개인의 육체만으로 그치는 것이 아니라 언제나 사회적인 물이 흥건하게 배어있다. 다시 말해 우리 자신은 개인적인 자아를 넘어 사회적 요소를 동시에 품고 있는 것이다.

사회적 역할은 개성을 통해 구체화될 수 있다. 우리는 각자의 성격을 바탕으로 어떤 역할을 맡을 것이며, 주어진 역할을 어떻게 구현할 것인지 선택하게 된다. 그래서, 다른 역할 수행자들과 더불어 삶의 무대에서 맡은 각자의 역할을 통해 하나의 '연극'을 만들어낸다. 관객석에 있든, 무대 위에 있든 우리는 항상 무대 위에 서 있다. 관객이든 배우이든 우리는 항상 배우인 것이다.

구체적인 역할 모델에서 사회적인 기대는 나타난다. 그리고 거기에서 갈등의 뿌리가 자라난다. 개인적인 창의성과 사회적인 압박을 어떻게 조화시킬 것인지 하는 문제가 그것이다. 우리 자신에게 낯설어지거나 자신을 잃어버리지 않으면서 개인적 욕구와 바람을 어떻게 사회적

테두리 안에 묶어둘 것인가?

강연을 하고, 제품을 팔고, 토론자로 나설 때 우리는 거기에 맞는 역할로 미끄러져 들어간다. 동시에 자기라는 인물, 즉 자기 개성을 특별하게 보이고자 한다. 이로써 주목과 존중을 받고 싶어하는 것이다. 우리는 이 때 가장 마음에 꼭 드는 자화상을 그린다. 특정한 부분이나 사실을 강조하거나 감추면서 말이다. 그 과정에 때로 우리 감정과 태도가 불일치되지만 일단은 속여넘기려 한다. 이를 위해 화장이나 의상, 목소리, 몸짓 등에 예방조치 혹은 안전조치를 취한다. 청중이나 관객의 기대하고 투영하는 모습에 자신을 맞추기 위해서다. '이게 진짜 내 모습이요'하는 식은 곤란하다. 작은 오류, 잘못 내뱉은 문장 하나, 얼굴에 띤 홍조 혹은 순간적인 미적거림으로 자신의 연기, 자신의 역할 전체가 민감하게 상처를 입을 수 있다.

의사소통을 완전히 통제하는 건 불가능하다는 사실을 고려하면 문제는 더욱 복잡해진다. 우리는 스스로의 발언과 역할 내용만을 조작할 수는 있을 뿐, 상대에게 비쳐지는 모습에 대해서는 사실상 통제할 방법이 거의 없다. 우리는 결코 우리가 발산하는 이미지에 안전장치를 해둘 수 없다.

그래서, 일종의 불균형이 발생한다. 무대 위의 등장인물로서 우리는 우리가 행하고 말할 것을 정확하게 알고 있다. 그러나 관객은 우리가 알 수 없는 부분을 인지할 수 있다. 바로 우리가 비쳐지는 모습이다. 인생이란 무대 위에서 사실상 프라이버시라고 하는 것은 없다. 우리 안에서 벌어지는 사건은 우리가 발산하는 모습을 통해 그대로 관객에 의해 읽혀진다.

이와 관련해서 흥미로운 점은 어느 사회나 무대라도 관객은 실수를 대단히 재미있게 여긴다는 것이다. 서투름이나 정체가 밝혀지는 것, 그리고 창피를 당한 사건에 대한 화젯거리는 끝도 없이 이어진다. 관객은 그런 이야기들을 보고 듣고 나누면서 샤덴프로이데Schadenfreude, 남이 안 되는 모습을 보면서 고소하다고 생각하는 것를 즐긴다.

역할 이론을 더 살펴보고 같은 관점에서 무대공포증이라는 현상을 관찰해보기로 하자. 사람들 앞에 나설 때 우리는 우리 자신의 역할과 청중이 가지고 있는 역할에 대한 기대를 동시에 의식한다. 여기에서 역할에 대한 입장이 정해진다. '이 역할은 딱 나를 위한 것이네', '이 역할은 나랑 별로 어울리지 않는 것 같아' 하는 식으로 개인적인 입장에서 역할 태도가 형성된다. 우리의 자긍심은 세 가지 요소에 의해 결정된다. 우리가 맡은 '역할', 그 역할에 대한 우리의 '입장', 그리고 외부에서 그 역할에 대해 평가하는 '가치'가 그것이다. 우리가 특정한 역할을 맡으면서 그것이 하찮게 느껴진다면, 자긍심은 상처를 입는다. 우리가 어떤 역할을 적절하게 수행할 수 없을까 염려할 때도 마찬가지다. 대개 우리는 작은 인지부조화만으로도 불안에 떨며 걱정에 사로잡힌다.

무대에 서는 일은 즐거울 수 있지만 때론 피하고 싶을 수 있다. 누군가 자기를 봐주는 것을 자기 가치의 확인으로 여겨 즐거울 수 있지만, 다른 한편으로 자기를 노출하는 것, 혹시 벌어질 수 있는 창피한 장면이 떠올라 괴로울 수 있단 얘기다. 그래서 때로는 사람들 앞에 나서야 하는 일 때문에 성공에 대한 두려움까지 느낀다. 우리는 '이렇기도 하고 저렇기도 하고' 하는 식의 양시론의 저주에 사로잡힌 것 마냥 역할과 결과를 함께 받아들일 것인지 아니면 아예 그 역할을 거부할 것인지 명확하게 결정하지 못한다. 계속해서 우유부단한 상태로 머물게 된다는 얘기다. 그러다 보면 무대에 서는 것에 대해 만성적인 두려움이 자리를 잡고 굳어진다. 신체 에너지부터 자연스럽게 흐르지 못한다. 자기 내면의 갈등에 젖어들기 때문이다. '자신을 보여주고 싶고 경탄을 받고 싶기는 하지만, 그래도 조용히 숨어서 지내는 편이 가장 좋을 것 같아.' 혹은 '계속해서 보스 연기를 하는 건 재미없지만, 그 역할로 너무 많은 사랑을 받고 있어.' 등과 같은 생각이 전형적인 갈등이다.

어떤 역할을 지속적으로 반복하도록 강요받을 때에도 갈등이 발생한다. 아무리 만족스러운 역할이라도 계속 반복하게 되면 고통스런 일로 변할 수 있는 것이다. 특히 배우, 음악가 그리고 판매원은 이와 같은 '역할 피로' 현상에 시달리기 쉽다. 매일 똑같은 연기, 노래, 행동과 말을 반복해야 하기 때문이다. 관객, 청중, 손님들은 매정하게도 우리가 역할을 아무리 반복해도 지치지 않는 모습을 기대한다. 심지어 항상 처음과 같은 모습으로 등장하기를 원한다. 하지만, 언제나 최상의 컨디션에서 신선한 에너지를 품고 완벽하게 집중한 자세로 등장하기를 기대하는 것은 기계에 대해서나 바랄 수 있는 일이다. 사람을 향한 기대감일 수는 없다.

또 다른 갈등은 맡은 역할이 보수적인 분위기 아래 있을 때다. 사회가 개인에게 요구하는 역할이 엄격하게 고정돼 변화 여지가 적으면 적을수록 내면의 거부감도 더욱 커질 수밖에 없다. 형태가 정해진 역할을 통해 자기 존재를 잃어간다는 느낌이 커질수록 저항감도 커진다. 나아가 실패에 대한 두려움에 사로잡히기 쉬워진다. 악보나 극본에 따라 역할이 고정된 가수나 배우가 발표에 있어 즉흥성이 허락되는 의사나 법관보다 더 많은 무대공포증에 시달리는 것도 그런 예라고 할 수 있다.

무대공포증은 역할을 맡은 인물이 자기 개성을 얼마나 역할에 투영할 수 있는지, 다시 말해 역할과 자아와의 관계가 얼마나 밀접한지 혹은 낯선지 하는 사실에 크게 좌우된다. 무대공포증의 크기는 인물이 자아를 표현할 수 없게 만드는 정도, 즉 주어진 역할의 엄격성과 폐쇄성에 거의 직접적으로 비례한다.

이런 사실에서 우리는 무대공포증에 대처하는 자세와 관련해 어떤 힌트를 얻을 수 있을까? 우리는 인생의 처음 20~30년을 학습자이자 정보 수용자로서 학습그룹이나 청중의 일부가 돼 살아간다. 이는 우리의 무대공포증에 직접 연관돼 있다. 오랜 시간 동안 우리는 귀 기울여 듣고 받아들이는 것을 연습한다. 그만큼 관객이나 듣는 이의 위치에 익숙해진다. 성인이 돼 정보나 즐거움을 주는 사람이나 생산하는 사람, 전하는 사람의 위치를 맡아 무대로 나서게 되면 스스로 어색해진다. 역할 변화를 위한 준비가 되어 있지 않기 때문이다. 우리는 무대에서 맡는 역할의 변화된 조건에 적응하도록 훈련받지 않았다. 이런 역할은 우리가 학교에서 그리고 일상 속에서 습득했던 것과는 다른 능력, 다른 기술을 요구한다.

무대는 청중과는 다른 자세와 주의력을 요구한다. 이제 그 규칙을 새로 배워야만 한다. 그래야 무대 분위기를 이끌고 의사를 전달할 수 있다. 이를 위해 다르게 행동하고 다르게 말해야 한다. 우선은 자기 역할에 집중하면서 무대에 등장하는 일이 평소보다 힘을 갖는다는 의미임을 이해해야만 한다. 저명한 악기연주자인 게르하르트 만텔Gerhard Mantel은 이때의 소통 태도에 대해 다음과 말한다.

"모두 귀를 열고 들어!"

어떻게 보면 상대에게 소리를 치는 듯한 말이다. 그러나 이런 자세의 이면에는 자기의 역할을 자발적으로 수용한다는 뜻이 담겨 있다. 성공적인 무대를 위해선 홀로 서서 전하려는 바를 끝까지 마치지 것 외에는 다른 선택이 없다는 걸 알아야 한다. 후퇴는 없다. '아직은 아니다'라든지 '나중에'라는 말은 생각할 여지조차 없다. 비행기는 일단 이륙하고 나면 이륙하지 않은 것으로 할 수는 없다. 결과야 어떻든 다시 착륙을 해야 하는 법이다.

과소평가의 두려움

독일 트리어에 위치한 심리학 및 정신 신체 의학 연구소에서 연구 팀을 이끄는 디어크 헬함머Dirk Hellhammer와 클레멘스 키르쉬바움Clemens Kirschbaum은 대중 앞에 나서게 될 때의 심리를 알아보려 했다. 90년대 트리어에서 이뤄진 '사회 스트레스 실험'이 그것이다.

실험에서 피실험자인 학생은 단지 세 명의 위원 앞에서 5분짜리 연설을 했다. 그럼에도 학생들은 아주 짧은 연설조차도 자긍심에 심각한 위협으로 느껴질 수 있다는 점, 그리고 그 위협이 강한 신체적 반응으로 이어질 수 있다는 사실을 분명히 보여줬다. 경험적 결과들을 토대로 순수한 심리적 긴장이 엄청난 신체적 반응을 야기할 수 있다는 사실을 처음으로 증명한 것이다.

이런 결과는 또 다른 연구를 통해 뒷받침됐다. 경연에 참여하는 전문 댄서들에 대한 연구였다. 경연을 준비할 때와 경연 중의 심리적, 신체적 상태를 자세히 조사했다. 그 결과 역시 아주 놀라운 것이었다. 일반 대중이 아닌 심판들이 그들 능력을 평가하는 상황에서 장기간 경력을 자랑하는 댄서들조차도 엄청난 스트레스 반응을 보였다. 실험은 자아에 대한 위협이 댄서의 움직임 자체가 아니라, 중요하다고 여겨지는 사람의 평가에서 온다는 사실을 보여준다. 이 때 신체는 외부 위협에 대해 강렬한 스트레스 반응을 일으킨다.

여기에서 우리는 어떤 시사점을 얻을 수 있을까?

과거 사람들이 자연, 신, 악마에 투영했던 심리가 오늘날 사람들에겐 내면에 자리를 잡고 있다는 사실이다. 위험이 내면화된 것이다. 우리는 더 이상 호랑이에게 공격당할까봐 두려워하지 않는다. 우리 앞에 보이는 청중, 상관, 혹은 우리를 둘러싼 상황에 대해 두려움을 갖고 있다. 타인에 의해 우리의 가치가 평가받는 것에 공포심을 갖는 것이다. 과거엔 실제 삶을 위험하게 만들었던 실제 위협들이 실제와는 상관없는 관념적 위험으로 대체됐다. 사람들의 시선 속에 우리의 가치가 과소평가될 수 있다는 두려움이다. 이는 우리를 내보이고 싶다는 소망에 부정적인 영향을 미친다. 그 영향을 최소화하기 위해 우리는 머리가 깨지도록 고민한다. 예상대로 충분히 잘하지 못하거나, 실제보다 좋지 않은 모습을 보이지 않을까하는 노파심

탓이다. 그 마음에 휩싸이면 청중에게 어떻게 망신을 당하지 않을 수 있을 것인지, 오로지 거기에만 몰두한다.

오늘날 우리는 심각한 정도로 타인의 관심과 가치평가에 의존하고 있다. 실제로 타인의 관심을 얻는 일에는 물적 수입을 능가하는 가치가 있다. 타인에게 내가 의미있는 역할을 하고 있다는 믿음이나 능력을 제대로 평가 받고 있다는 느낌이 없으면 우리는 견디기 힘들다. 우리 영혼은 타인의 애정 어린 시선과 관심이 필요하다. 마치 육체가 숨쉴 공기를 필요로 하는 것과 마찬가지다.

그런 의미에서 남의 평가에 두려움을 갖는다는 것은 충분히 이해할 만하다. 두려움은 우리 가치가 위기에 처할 때 경고신호를 보낸다. 그렇기에 두려움이 곧 잘못은 아니다. 두려움을 과장해 대하는 태도가 문제다. 마음대로 안 된다고 우리 자신을 마구 쥐어짜지 말자. 대신 두려움을 일으키는 상황부터 정확히 인지해야 한다. 또, 그것을 있는 힘껏 맞서야 하는 도전으로 받아들이려 노력해야 한다. 이는 두려움과 더불어 살아가는 법과 상통한다. 두려움에 지배당하지 않고, 두려움 때문에 다른 사람 앞에서 자신이 표현하고 싶다는 소망을 잃지 않는 태도가 그것이다. 마치 동료처럼 두려움과 어깨를 나란히 하고 함께 걷는 일과 같다. 그래서 우리의 두려움을 의식적인 단호함으로 변화시켜야 한다. '아직 두렵기는 하지만 무대를 이러이러하게 만들어가 보자.' "내가 무슨 말을 하고 싶은지, 무엇을 표현하고 싶은지 알고 있어. 그러니 당당하게 나서는 거야.' '난 지금 우리 누구나 겪고 마주치는 문제를 상대하고 있는 거야. 사람들이 나의 가치를 평가하는 것에 대한 두려움 말이지.'와 같이 말이다.

자기 모습을 사람들 앞에 내보이는 것은 스스로 설정한 한계를 극복하는 용감한 행동이다. 자신을 온전히 믿지 못하는 한, 우리는 상대에게 자신을 숨기게 된다. '두려움Angst'이라는 독일어 단어는 라틴어인 'angustus'에 뿌리를 두고 있다. '좁다'라는 의미의 단어다. 좁다는 신체적 느낌은 무대공포증과 연관돼 있다. 어원을 분석해 보면 정신분석학적으로 두려움의 배경이 단절, 고립, 분리의 가능성일 수 있다는 사실을 보여준다.

하지만 두려움이 있는 곳에는 단지 고립감뿐만 아니라 좁은 한계를 넘어서려는 에너지와 힘도 존재한다. 두려움은 삶의 에너지, 보다 광범위한 의미에서는 사랑의 힘이 존재한다는 신호일 수 있다. 그렇게 보면 두려움은 경보신호인 동시에 삶이 한계선을 넘어 해방될 수 있다는 신호이기도 하다. 인간의 강점은 스스로 설정한 한계를 종종 뛰어넘어서는 데 있다. 이를 가능케 하는 데는 끝없는 연습과 확고한 신념, 그리고 추구하는 목표에 대한 신뢰가 필요하다. 스스로의 약점에 사로잡혀 웅크리고 있지 않는 한 우리는 결코 약하지 않다. 우리의 두려움은 한계 극복을 위한 기회를 제공한다.

관심의 마법

순전히 자기만족만을 위해 능력을 펼치기 좋아하는 사람들이 있다. 이들은 조용하고 작은 방 같은데서나 사고능력이나 춤 솜씨, 혹은 가창력을 뽐낸다. 그리곤 스스로 기뻐하는 수준에 만족한다. 다시 말해 공연자와 청중, 양쪽 모두의 역할을 혼자 맡는 것이다. 이는 거의 아이들의 놀이와 같은 수준이다. 아이들은 상상력만으로 세상을 창조할 수 있다. 홀로 춤추고, 흉내 내고, 시를 짓고, 연극을 하고, 역할놀이나 인형놀이도 한다. 무대공포증 같은 것은 금시초문이다. 무대공포증의 중요한 요소 하나가 없기 때문이다. 타인의 평가가 그것이다. 이들에겐 타인의 관심 어린 시선, 동감과 이해 그리고 교정을 요구하는 정답은 별 의미가 없다.

혼자서 펼치는 행위는 아무리 대단한 것이라고 해도 그저 작은 움직임에 불과하다. 다른 사람들과 함께 나누기 전에는 사회적으로 큰 의미가 될 수 없다. 게다가 어떤 외부의 관심이 더해지지 않는 한, 조용한 성공이 주는 행복은 대개 짧은 흥분으로 끝난다. 그것이 지속되기 위해서는 무언가가 더해져야만 한다. 최소한 다른 사람들이 보고 듣고 있다는 꿈이라도 꿔야 한다. 인간이라면 누구나 타인의 진심어린 공감과 관심을 원한다. 그런 관심이야말로 우리를 행동하게 만드는 동기다. 사회학자 게오르크 프랑크Georg Franck는 이런 사실을 다음과 같이 표현한다.

"자신이 타인의 영적인 삶에 중요한 역할을 수행하고 있다는 믿음이 없다면 우리는 잠시도 견디지 못한다. (중략) 인간 상호간에 관심을 교환하는 것은 마법 같은 일이다. 그것도 큰 힘을 발휘하는 마법이다."

재능이나 교육, 매력의 크기나 사회적인 성공의 여부와 관계없이 많은 이들은 무의식적으로 자기 자신에 대한 의심을 품고 있다. 소극적으로 자기 약점에만 집중하는 것이다. 자신이 비판받고 거절되고 무시당하는 그림도 너무 쉽게 그린다. 내용을 바꾸고 싶지만 방법을 모른다. 주위에서 아무도 그 방법을 얘기해주지 않는다. 활력이나 표현의 의지를 잃고 마는 것은 참으로 유감스러운 일이다. 많은 사람들이 단순히 '무대에 선다'는 말만으로 이미 불안감과 당혹감에 휩싸이거나 그 자리를 강하게 사양한다. 눈에 띄지 않기 위해 몸을 감추기도 한다.

실제로 사람들 앞에 서서 자신을 표현하기 위해서는 특별한 에너지와 용기가 필요하다. '나답지 않게 뭐하는 것인가? 타인은 이런 나에 대해 어떻게 생각할까?'와 같은 걱정은 간단히 해결되지 않는다. 단순히 노이로제 반응으로 치부하고 무시할 수도 없다. 여기에 무대공포증의 가장 중요한 이유가 있기 때문이다. 공포에 빠지면 관심이 자기에 대한 관찰이나 자기 본위의 사고에 과도하게 집중된다. 반면에 실제 진행되고 있는 일 자체에 대한 관심은 지나치게 줄어든다. 따라서 무대공포증에 대처하는 첫걸음은 다음과 같은 한 마디로 정리할 수 있다.

일 자체를 추구하며 그 과정에 집중한다.

우리는 스스로에게 멋지게 강연하고 프레젠테이션 하는 모습을 기대한다. 그러나 그것은 체계적으로 연습해야 익힐 수 있는 능력이다. 이를 학교에서 체계적으로 훈련시키는 미국과 달리 독일 등에서는 대학을 비롯한 거의 모든 교육기관에서 그런 훈련을 시키지 않는다. 그럼에도 무대공포증은 과거나 현재나 타부처럼 대하는 주제다. 문제를 심각하게 겪고 있더라도 솔직하게 드러내놓고 해결을 시도하기 어렵다. 기껏해야 집안사람들에게나 털어놓을 뿐이다. 흔히 무대공포증을 개인적인 문제로 치부하는 것도 바로 그런 이유다. 그러나 사실 무대공포증은 개인의 특성에서 기인하는 문제일 뿐 아니라 그 개인에게 높은 기대치를 요구하는 사회 문제이기도 하다.

사람들 앞에 나서는 말하고 자신을 표현하는 것은 서핑이나 피아노 연주처럼 배워야 하는 일이다. 배워야 한다는 걸 인정하는 사람은 자신을 냉철하게 평가하고, 그 평가를 바탕으로 행동한다. 당연히 할 수 있어야 한다고 요구하는 사람은 자기 자신에게 과도한 요구를 하는 셈이다.

작곡가 프레데릭 쇼팽 Frédéric Chopin 은 무대공포증이 자신이 할 수 있는 것보다 더 많은 것을 보여주고 싶은 마음과 같다고 말했다. 그런 의미에서 자기 자신에 대한 정확한 평가는 두려움을 극복하기 위한 중요한 전제조건이다. 이와 관련하여 의미 있는 말이 있다. 스스로에게 이렇게 되뇌어라.

'내가 지금 할 수 있는 만큼만 제대로 보여준다. 이를 준비하기 위해 할 수 있는 모든 일은 이미 마쳤다. 그 이상을 나에게 요구하지는 않는다.'

실제로 무대에 첫 발을 내딛는 학생들에게 나는 이런 말을 자주 해준다.

"지금 네가 지닌 실력, 딱 그만큼만 하면 돼. 그것이 네 최고의 실력이야. 더 잘 하려고 하지 마."

이 말을 새겨들은 학생들은 대부분 부담을 덜고 긍정적인 자세를 보인다. 심지어 무대를 즐기기까지 한다. 조언을 일상에 적용해 일반화하면 다음처럼 표현할 수 있다.

'준비를 하는 동안에는 완벽을 기하라. 실전에서는 당신이 이제까지 익혀서 할 수 있는 것만큼, 지금까지 알게 된 것만큼만 발휘하라.'

많은 사람들이 자유롭게 피아노를 연주하거나 요리를 잘 하고 싶어 한다. 그렇지만 설사 그것을 할 수 없다고 해도 자긍심에 크게 상처를 입지는 않는다. 그 일이 그들에게 상처를 입힐 만큼 중요하지는 않기 때문이다. 그러나 연설하거나 강연하고 공연하는 일은 다르다. 그들은 이렇게 생각한다.

'만일 내가 연설을 하게 되었는데 기대만큼 잘해내지 못한다면, 나는 망신을 당할 것이고 그 결과를 견뎌내기 힘들 것이다.'

청중 앞에서 자기를 보여주는 일 자체보다는 미리 품게 되는 상상이나 생각이 실제로 불안을 야기하는 요소라는 사실은 명백하다. 그 시각은 이미 2000년 이상 오랜 과거에서도 찾아볼 수 있다. 에픽테투스는 그의 저서 '제요'제자인 아리아노스가 가르침을 필사한 책 '어록' 의 주요학설을 압축하여 격언체로 다시 적은 책에서 말한다.

"사람을 흥분시키는 것은 일 자체가 아니라 그 일에 대하는 사람의 시각이다."

그의 말이 얼마나 옳은지는 무대에 나서는 일에 대한 어느 두 사람의 대화를 들으면 확실하게 깨닫게 된다. 한 사람은 두려움 때문에 거의 사망 직전이고 반면에 나머지 한 사람은 기쁨으로 당장 날아갈 듯하다.

자신을 제대로 파악한 후 무대에 나서는 사람은 이런 식의 반응을 보인다.

"무대에 나설 때마다 나는 정말 좋은 연습 기회를 갖게 되는 거야.

나는 열심히 준비했고 그만큼 보여주게 되겠지. 지금 내가 가진 실력보다 더 잘 할 수는 없어. 내게서 더 이상의 능력을 기대하는 사람은 없어."

자신에게 과도한 요구를 내세우는 사람의 반응은 그와 정반대다.

"절대 실수를 해선 안 돼. 확실하게 해내야 해. 사람들에게 감동을 줘야 해. 나에겐 어떤 일도 생길 수 없어."

무대에 등장할 때 사람들의 행동은 양 극단 사이에서 움직인다. 한쪽은 자신에 대한 냉철한 판단이고 다른 한쪽은 자신에게 과도한 요구를 들이미는 과욕이다. 과욕은 자신이 내리는 명령과 금지사항에 따른다. 그 명령과 금지사항은 과장돼 있고 비현실적이다. 해야 할 과제는 젖혀두고 자기 자신에게 지나치게 몰두하게 만든다.

강연을 하는 자리에 있다면 그 상황이 실제로 요구하는 것은 무엇일까? 우선 이해하기 쉽고 구조가 잘 갖춰진 내용이다. 틀린 말이나 불완전한 문장에 대해 환호하는 사람은 사실 많지 않다. 청자에게 적절하게 이해만 될 수 있다면 강연이 갖춰야 할 기본 덕목은 충분하다. 나아가 주제에 대해 깊이 생각하도록 청중을 자극할 수 있다면 그야말로 금상첨화가 될 것이다.

잘못된 가정을 바탕으로 바삐 움직이는 우리의 생각을 편히 쉬게 하자. 그렇지 않으면 우리의 행동에 악영향을 미치는 감정을 불러일으킨다. 자기 감정에만 매몰되지 말고 실제로 필요한 사항이 무엇인지 침착하게 관찰하면서 이제까지의 경험을 냉철하게 돌아봐야 한다. 이는 현실적인 시각으로 이어진다.

"이제까지 나는 여러 시험을 통과했어. 사람들 앞에서도 자주 발표를 했고, 매번 잘 해내기도 했지. 불안감이 들더라도 몇 분 후면 항상 차분해졌어. 완전히 실패하고 망가진 적은 한 번도 없었잖아."

이런 회고는 곧 긍정적인 전망과 믿음으로 연결된다. '이번에도 잘 될 거야.' '이전처럼 좋은 성과를 거두게 되겠지.' '내가 핵심 주제를 놓친다거나 잘못 말한다고 해서 세상이 무너지는 건 아냐' 등과 같은 생각 말이다.

'가지고 있는 것보다 더 많은 것을 줄 수는 없다.'

이 문장이야말로 중요한 의미를 담고 있다. 무거운 부담에서 벗어나 자유를 만끽할 수 있게 해주는 말이다. 자기가 가지고 있는 것을 안다면 그 모든 것을 발휘할 수 있기 때문이다. 그런 의미에서 현실적인 자기 평가의 자세만 지닌다면 당당한 무대를 선보이는 길로 이미 한걸음 더 나아간 셈이다.

증세는 천차만별이다

이제 무대공포증이 나타나는 내적 환경에 대해 알아보자. 사실 무대공포증은 교향곡에 비유할 수 있는 다층적인 현상이다. 다양한 모티브와 리듬, 그리고 멜로디가 서로 복잡하게 얽혀 있다. 절대 분명하게 경계를 나눌 수 있는 현상이 아니다. 무대공포증은 각자 살아온 환경에 따라 다양한 형태의 영향을 미친다. 누구나 자기만의 무대공포증을 갖는다. 육체, 감성, 인지, 행동과 관념 등에 있어 누구나 특유의 반응이 나타난다.

원인은 대개 발견하기 어렵다. 대수롭지 않은 일로 넘길 수도 있었던 과거의 정신적 충격이 숨겨져 있다.

예를 들자면 다음과 같은 상황이다.

case 01 초등학교에서 어떤 아이가 대표로 시를 낭독한다. 그런데 학급 친구들이 아이의 지나치게 짧은 청바지를 보고 깔깔대고 웃음을 터뜨린다.

case 02 체육교사가 아이의 서투른 몸동작을 보고 농담을 한다. 다른 아이들도 그 아이를 '겁쟁이'라고 부르면서 비웃는 상황이다.

이런 경우들을 잘 떠올릴 수 있다면 공포증에 대한 적절한 대처가 가능해진다. 무대공포증을 겪는 사람들은 무엇을 무대공포증이라고 말하는지, 어떻게 무대공포증을 느끼는지 잘 알고 있다. 다만 이를 관리하는데 명확한 방향성이 없다.

무대공포증의 증상, 그 반응 방식을 정리해보기로 하자. 다른 사람에 비해 강하게 나타나거나 지배적인 모습을 보이는 무대공포증 모습은 크게 네 가지다.

| 신체적 반응 |

무대공포증은 우선 신체에서 나타난다. 무엇보다 심장과 관련한 반응이다. 심장 박동이 불규칙하거나 빠르고 강하다. 얼굴이 창백해지거나 붉어지는 혈관 반응도 찾아볼 수 있다. 몸이 떨리거나 근육이 과도하게 수축되는 현상 혹은 무

릎에 힘이 빠지는 증상 등의 근육 반응도 있다.

숨이 차고 가슴이 갑갑한 호흡기 반응을 호소하는 사람도 적지 않다. 위통, 복부팽만, 가슴 쓰림, 목이 조이는 느낌 혹은 구토 등 소화기 반응도 빈번하다. 자율신경계의 반응으로는 식은땀, 동공 확장, 급하게 오줌이 마려운 증상이 있다. 중추 신경계의 반응으로는 두통, 안구통증, 어지럼증 혹은 무기력증이 대표적이다.

| 감성적 반응 |

긴장감을 느끼고, 쉽게 자극을 받아 흥분하거나 절망감을 느끼기도 한다. 압박감과 두려움이 나타나고, 상황에 압도당하는 느낌에 사로잡힌다. 통제를 상실했다는 느낌은 '나는 도저히 해낼 수 없어'라는 생각으로 이어져 극단적인 두려움으로까지 발전한다. 이는 과거 트라우마와 결합돼 과거 감정이 표면으로 끓어오를 수 있다.

| 인지적 반응 |

더 이상 집중하지 못하고 기억이 흐려진다. 생각의 속도가 느려진다. 세밀한 사항을 잊어버리거나 심지어 중심 주제까지 생각이 나지 않는다. 완전히 사고가 차단될 만큼 혼돈을 일으키거나 모든 일이 잘못 진행될 수도 있다고 고민한다.

| 행동 반응 |

많은 사람들이 수면장애로 고생한다. 잠을 제대로 잘 수 없거나 밤 사이 자주 깨어난다. 새벽에 너무 일찍 잠을 깨어나는 경우도 있다. 식욕을 잃거나, 반대로 불안과 공포를 잊기 위해 억지로 먹기도 한다. 허둥지둥 정신없이 바쁘게 행동하거나, 반대로 무기력하고 의욕이 없다. 과도하게 흥분된 상태와 맥이 빠져 지친 상태가 반복된다.

무대공포증이라는 장막 뒤에는 무한하게 다양한 배경이 숨겨져 있다. 이와 관련해 다음 같은 문제를 제기할 수 있을 것이다.

'누구는 왜 덜덜 떠는 반응을 보이는 데, 다른 누구는 식은땀을 흘리면서 입이 굳어 말이 나오지 않는가. 또 다른 이는 왜 머리와 몸이 모두 마비된 것처럼 느끼는 것일까?'

눈에 띄는 점이 있다면 무대공포증이 각자 특정한 신체 기관에 작용한다는 것이다. 공포증은 특이하게도 어떤 활동을 수행하는 있어 가장 중요한 부위를 자극한다. 가령 말을 해야 하는 연설가의 입안이 바싹바싹 타고, 피아니스트는 축축하고 차가운 손 때문에 힘들어한다. 가수는 목이 쉬고, 배우는 머릿속에서 대사가 깔끔하게 지워진다. 중요한 말을 해야 할 때, 하필이면 목소리가 덜덜 떨리거나 목이 갑갑해지는 것일까? 목은 말을 할 때 가장 필요한 기관이 아니던가? 우리가 많은 사람들과 악수를 해야 할 때 하필 손에 땀이 차는 것일까? 어째서 중요한 그 자리에 하필 무대공포증의 증상이 집중되는 것일까?

전문가가 무대에 나설 때는 준비사항을 트레이닝을 통해 완벽하게 가다듬는다. 일상적인 활동을 위해 필요한 수준을 훨씬 뛰어넘는 동작이나 목소리를 추구하기도 한다. 예를 들어, 콘서트 전체를 실수 한 번 하지 않고 연주하는 피아니스트를 생각해보자. 청중은 이를 당연하다고 여기지만 사실 초인적인 능력이다.

우리 자신을 어떤 특정한 분야에 전문적이라고 생각하면 할수록, 다시 말해서, 우리 자신을 어떤 한 가지 능력에 동일화한다든지 아니면 완전히 그 능력으로만 활동범위를 제한한다면 어떻게 될까. 축구 선수, 서핑 선수, 컴퓨터 전문가 등을 떠올려보자. 이들의 신체부위 중 능력을 발휘하는데 결정적인 역할을 하는 부위일수록 민감하다. 자연히 바로 그 자리가 심리상태에 더 큰 영향을 받는다. 결국 각자 가장 큰 비중을 두는 영역이 무대공포에 취약한 지점으로 떠오른다.

그러나, 여기서 벗어나는 일은 얼마든지 가능하다. 집시 음악가들을 생각해 보자. 이들은 각자 악기를 즐겁고 자신 있게 다룬다. 바이올린을 가지고 청중과 대화하고 모습이다. 각 구절이나 음표를 놓치지 않는 고전적인 바이올리니스트, 얼핏 보아도 혹독하고 끈질긴 연습이 절로 느껴지는 그런 음악가들과는 달리 집시 음악가들은 청중과의 소통에 익숙하다. 그들은 무대공포증이라는 것을 모른다. 이들에게 무대란 놀이를 위한 공간, 스스로 결정할 수 있는 자유로운 공간이다. 그들은 무대를 즉흥적으로 상상하고 변화시킬 수 있다. 청중의 아픈 마음을 어루만져 주기도 한다. 이 때 그들은 역할은 좁은 자리에 갇혀 있지 않다.

한 음악도가 나에게 이렇게 말했다.

"개미는 매일 같은 일을 한다. 그렇지만 우리는 개미가 아니다. 일상에서 다양한 일을 수행한다. 때론 빵도 굽고, 컴퓨터를 다루고, 글을 쓰고 연주를 한다. 그렇지만 이 일들을 모두 완벽하게 하는 것은 인간답지 않다."

옳은 말이다. 우리의 신체 장비, 특히 감각 기관은 전문화하기 힘들다. 우리의 운동감각은 춤에, 청각은 음악에, 눈은 색상에, 촉감은 조각에, 후각과 미각은 실험에 사용된다. 이런 감각들은 범위가 제한될 때 퇴화한다. 우리의 다양한 감각을 제한적으로, 혹은 억압하는 형태로 훈련하면 할수록 환상이나 예술, 혹은 꿈의 언어와 점점 더 멀리 떨어진다. 무의식이 한 쪽으로 편중된 의식에 따라 너무나 합리적인 방향으로만 억눌려지기 때문이다. 우리는 점점 좋은 의미의 천진난만함을 잃고 있다.

무대공포증은 이렇듯 제한된 우리 행동, 판에 박히도록 반복되는 동작, 그리고 육체의 특정 기능을 고정된 스타일로 맞춰 전문화하는 일과 관련이 깊다. 여기서 철칙 하나를 제시할 수 있다.

주어진 역할 아래 허용된 행동반경의 폭이 좁으면 좁을수록 우리는 더욱 쉽게 상처받는다. 반대로 말하자면, 우리의 행동반경의 폭이 넓으면 넓을수록, 예를 들어 당신이 합창단원이자 여교사이자 집에 손님을 초대 잘하는 여자이자 주위를 즐겁게 해주는 사람이라면, 무대공포증의 공격을 받을 자리는 별로 없다.

공포를 감지하는 신체기관이 있다

독일에는 무대공포증과 관련된 수많은 속어가 있다. 그런 속어들은 감정, 상황 그리고 신체적 반응 간의 관계가 얼마나 긴밀한지를 적나라하게 보여준다.

내게는 공기가 없다(숨이 막힐 정도로 답답하다).
말을 빼앗겼다(말문이 턱턱 막힌다).
내 목을 졸라 죽인다(두렵다).
침이 다 말랐다(말을 못할 정도로 긴장하고 놀랐다).
발이 차가워진다(여기에 있고 싶지 않다).

그것이 바지로 들어가면…(일을 망치면?)

난 바지 한 가득 가지고 있다(겁에 질려 있다).

무언가가 목 안에 앉아 있다(아주 괴롭다).

내 위장을 돌려놓는다(싫어서 구역질이 날 정도다).

그것에 대해 똥을 싼다(두려워서 똥줄이 탄다).

내 등에 안장을 얹어 놓는다(견디기 힘든 부담이다).

나를 병들게 한다(신경에 크게 거슬린다).

신체는 우리에게 여러 가지 신호를 보낸다. 앞에 나열한 독일의 속어들은 감정과 신체 증상이 얼마나 직접적으로 연결되어 있는지를 적나라하게 드러낸다. 무대에 나서기 전 "숨쉬기가 어렵다"고 말하는 사람은 과도하게 요구받고 있다는 느낌을 표현한 것이다. 또는 "발이 차갑다"고 말하는 사람은 당장 도망치고 싶다거나 쥐구멍에라도 숨고 싶은 마음을 표출한다. 다시 말하지만, 누구나 자기만의 공포 감지 기관이 있다는 뜻이다. 그런 기관을 일종의 이정표라고 생각해보면 우리에게 부족한 것뿐 아니라 우리에게 도움이 될 요소까지 보여준다.

무대공포증에는 두 가지 기본 반응 모델이 있다. 맞서 싸우는 형태와 같은 아주 공격적인 모델이 우선 하나다. 다른 하나는 후퇴하고 도망치는, 무기력증에 빠져 어쩔 줄 모르는 모델이다. 우리가 무대에 서는 것에 대해 느끼는 당혹감의 정도와 심적 태도는 우리 신체 반응에 결정적인 영향을 미친다. 이런 문제를 생각해 볼 수 있다.

'무대에 나선다는 일에 나는 어떤 가치를 부여하는가?'

신체는 우리 감정을 있는 그대로 받아들이면서 심적 태도를 직접 표현한다. 심리 반응은 체험하는 내용과 연결되는 기관에 나타난다. 우리는 신체기관의 언어로부터 주관적으로 느끼는 부담에 대한 중요한 단서를 얻는다. 우리의 신경계는 자극을 받아들이는 것으로 그치지 않는다. 어떤 개인과 그가 속한 집단의 관계를 조율하기도 한다. 흔히 사회적인 압력이나 적응의 필요에 대해 말하는 것은 실상 신경생리학적 과정을 거쳐 활성화되는 심리적 자각인 셈이다.

무대에서 발표하는 상황에 대한 개인의 감정과 그때 나타나는 신체적 변화 사이의 관계를 구체적으로 보여주는 전형적 증상들이 있다. 몇 가지를 살펴보자.

| 수족냉증 |

차가운 손은 심리적 거리와 관련이 있다. 그것은 혈액순환이 좋지 않은 증상으로 해당 인물이 자신의 활력을 억제하고 있다는 의미다. 외부와의 접촉을 적극 원하지 않는다는 방증이기도 하다. 더군다나 손에 땀이 나서 축축하기까지 하면 두려움도 함께 작용하고 있는 것이다. 식은땀이 난다는 것은 괴로움에 시달리고 있다는 증거다. 다른 이들과 소통하기 적당한 상태라고 볼 수 없다. 수족냉증은 충분한 준비가 안 돼 혹은 무엇을 해야 할지 정확하게 모를 때 주로 나타난다. 능력 발휘가 가능한 지 불확실한 상황에서 정해진 활동을 무조건 해야

하는 경우에도 빈번하게 발생한다. 대인 문제, 다시 말해 관계에 대한 두려움을 부지불식간에 드러내는 것이기도 하다.

| 설사 |

설사는 종종 불쾌한 상황을 가능한 한 빨리 지워버리고 싶은 바람과 관련이 있다. 설사 자체가 음식물을 장에서 제대로 소화시키지 않고 통과하도록 해 생기는 증상이다. 생리적인 느낌은 그대로 상황을 대하는 태도로 연결된다. 냉정하게 대응할 여유가 사라진다. 그래서 느낌과 감정을 제대로 소화시키지 않고 쏟아내게 된다.

| 변비 |

설사와 정반대로 변비가 나타나는 경우들이 있다. 두려움을 가진 상태로 주어진 역할에 너무 강하게 매달리면, 또는 어떤 상황을 굳세게 버텨 기어코 이겨내겠다고 결심할 때 그 현상이 발생한다. 이런 증상의 치료법은 한 마디로 요약할 수 있다. 가볍게 툭 놓아버리는 마음으로 몸을 길게 늘이며 부드럽게 움직여라.

근육 긴장은 방어 자세를 보일 때 나타난다. 갑자기 가격을 당하는 장면을 상상하면 머리, 가슴 그리고 팔의 근육이 긴장한다. 이는 부상의 위험을 최소화하기 위한 본능적인 자기보호 반응이다. 한 대 맞을 것 같은 상황, 혹은 아주 망신스러운 때 근육이 긴장되는 현상은 주로 목덜미에 나타난다. 고대에서부터 이어온 복종의 제스처로서 우리는 창피를 당하거나 절망적으로 느낄 때 머리를 수그린다. 그러나 판단을 맡은 우리의 두뇌는 반대 명령을 내린다. 머리를 당당하게 들고 있으라는 명령이다. 목덜미 근육은 이렇게 상반된 지시를 받고 뻣뻣해지면서 심지어 통증까지 유발한다.

우리는 특정한 증상들을 신체의 상징 언어로 이해하는 방법을 알아봤다. 감정, 심적 태도 그리고 신체 반응은 동시에 진행돼 따로 떼어 생각할 수 없을 만큼 긴밀하게 결합돼 있다. 물론 상호간의 연관관계를 확실하게 단언할 수는 없다. 그렇지만 전형적으로 나타나는 형태들이 있고, 그런 형태의 세심한 관찰은 무대공포증에 대처하기 위한 중요한 출발점이다.

무대공포증을 겪는 사람이라면 먼저 자신의 신체적 거부 현상을 해석해낼 줄 알아야 한다. 그래야 차단되거나 방해받는 자기 움직임을 이해하고, 문제를 해결할 수도 있다.

필자는 오래 전부터 무대공포증이 좁은 자리에 갇혀있는 느낌과 결합돼 있다고 말해왔다. 무대공포증의 치료법에 대해 어느 정도까지는 이렇게 정리할 수 있다. 가볍게 툭 놓아버리고 길게 늘이고 유연하게 움직이고 될 대로 되도록 내버려둬라!

비합리적인
기대심리

어째서 어느 한 사람에게는 끔찍하게 괴로운 일이 다른 이에게는 지극히 쉬워보이는 것일까? 외적인 원인들 외에 내면적 원인들도 함께 존재한다. 무대공포증은 외부의 요구나 기대와 자기 자신이 보여줄 수 있는 범위 사이의 불균형을 알려주는 신호다. 그 불균형은 기대를 만족시켜줄 수 없을 때나 자기 통제를 잃었을 때 발생한다. 무대공포증은 불확실성 앞에 차단기를 세우는 일종의 예감이라고 할 수 있다. 무대공포증에는 불확실성, 통제 불가능한 상황, 가늠할 수 없는 상태에 내던져지는 것에 대한 두려움이 집약돼 있다.

일상에서는 무슨 일이든 자신 있게 나서는 사람이 강연을 해야 하는 순간, 공황상태에 가까운 두려움에 휩싸이기도 한다. 완전히 반대의 경우도 찾아볼 수 있다. 평소 쉽게 불안해지고 스트레스에 시달리고 짜증을 잘 내지만 청중 앞에만 나서면 깜짝 놀랄 정도로 차분해지는 사람들이 그렇다. 또한, 타고난 연설가이자 토론자로 자신감의 표본을 보여주지만 친구들 앞에서 피아노를 연주하는 상황이 되면 급속하게 찾아온 무대공포증으로 쩔쩔매는 이들도 있다. 이 모두는 같은 상황도 어떻게 평가하느냐에 따라 서로 다른 가치와 무게로 받아들여진다는 증거다.

무대공포증을 유발하는 상황들의 공통점을 묻는다면 대부분 자기 의견의 관철이 요구된다는 점이다. 연설, 강연, 콘서트, 사회, 경연, 시험 등이 모두 그런 특징을 갖고 있다. 다른 사람들의 판단에 맡겨져 가치를 평가받게 될 때 우리는 공포증을 느낀다. 이런 맥락에서 결정적인 특징 하나를 더 찾아볼 수 있다. 그것은 무대가 당사자에게 미래를 좌우하는 것처럼 느껴진다는 것이다.

배우가 큰 무대에서 실수를 한다면 비평가들부터 언론을 통해 사정없이 그를 난도질 할 것이다. 시험에서 떨어지거나 입사 면접을 망쳐버리면 앞으로의 경력에 지장을 받는다.

친구들 사이의 축구시합이나 가족끼리 하는 집안 콘서트라면 무대는 미래에 있어 큰 의미가 없다. 무대공포증이 강력한 위력을 발휘할 때는 당사자의 인생 전체를 좌우할 만큼 중요한 의미가 있거나 자존심이 걸렸을 경우다. 중요한 사람의 애정이나 커다란 물질적 가치를 잃을 수 있는 무대에서도 그렇다.

무대공포증은 언제나 외부의 평가자와 관련돼 있다. 우리에게 기대를 걸고 있는 사람이나 집단이다. 부모, 교사, 동료 혹은 상사가 될 수도 있고, 때에 따라 큰 규모의 청중이 될 수도 있다. 이미 알고 있는 사실이지만, 우리는 대개 평가자들이 기대하는 것이 무엇인지 추측하거나 아예 환상으로 지어내기도 한다. 이 때 압박감이 나타나면서 스스로 능력을 증명할 의무를 지고 있다고 느낀다.

우리는 우리를 지켜봐 줄 사람들에게 기대감뿐 아니라 평가하는 역할까지 부여한다. 그러나 우리가 외부로 투영하는 기대감은 보통 실제보다 과도하다. 외부에서 우리에게 거는 기대보다 훨씬 더 엄격한 완벽주의를 자신에게 요구한다. 잘못 말한 단어 하나, 서투른 문장, 끊어진 문장 하나, 실제로 듣고 있던 사람들은 눈치 채지 못한 작은 실수에도 발표자 본인에게는 하늘이 무너지는 절망감이다. 높게 세워 놓은 자기의 잣대와 냉혹한 기준에 어긋나기 때문이다. 청중들은 완벽함을 기대하지 않는다. 다만 무대 위의 사람이 의미있는 내용을 보여주기 원한다. 실수를 몇 개나 했는지 알고 싶어서 객석에 있는 것이 아니다. 그들은 흥분을 느끼거나, 정신적 풍요를 경험하거나, 조금은 변화된 모습으로 귀가하기를 바랄 뿐이다.

우리가 객석의 사람들에게 투영하는 지나친 기대감은 본인 스스로 최고의 무대를 보여주고 싶은 마음과 연관돼 있다. 무대 위의 실수와 잘못이 크고 무겁게 다가오는 이유도 바로 거기에 있다.

성장 과정에서 보호자 등 가까운 사람들이 거는 기대는 우리 안으로 내면화된다. 우리 자신의 일부가 되는 것이다. 부모나 가족에서 시작해 나중에는 교사, 상사 등 또 다른 권한을 가진 사람들의 기대로 이어지는 전개는 결국 양심 혹은 내면의 목소리라고 부를 수 있는 영역까지 건드린다. 수많은 심리 치료법들이 내면화된 목소리의 어두운 측면을 강조함에도 불구하고 프로이트의 '초자아' 혹은 C. G. 융의 '그림자' 처럼, 내면의 목소리는 점점 영향력을 더해간다.

무대공포증의 경우 내면화된 목소리는 주로 세 가지 형태로 표현된다.

- ✓ 내면의 '비평가'
- ✓ 무조건 의심하고 회의하는 '의심꾼'
- ✓ 겁먹은 토끼처럼 위축된 '겁쟁이'

공교롭게도 바로 이 세 가지는 우리가 무대에 설 때 중요하다고 생각하는 품성, 즉 자신감, 확신 그리고 용기라는 우호적 동지 그룹과 정반대되는 그룹으로 보인다. 그렇지만 이들은 사실 상호 의존적이며 서로를 필요로 한다. 단적으로 말해, 자기비판이라는 것을 알지 못한다면 자기확신이 무엇인지 어떻게 알 수 있겠는가? 양쪽을 모두 알아야, 비로소 현재 모습과의 개인적인 균형을 찾아낼 수 있다. 그리고 두 가지 측면을 서로 조화롭게 조정할 수 있다면 심리적인 통합과 완성의 단계에 이르게 된다.

보통의 경우 다음 같은 상황 진행을 상상해 볼 수 있다.

무대에 등장하는 순간이 가까이 다가오면서 스스로 설정한 기대나 외부의 기대를 충족시킬 수 있을지 의심하기 시작한다. 의심이 점점 커지면 자기 의혹에 대한 책임까지 우리 스스로에게 돌린다. 내면의 심판관이 자기 힘을 과시하면서 명령권을 떠맡고 우리 내면의 동지들, 즉 자신감, 확신 그리고 용기가 내는 목소리를 들리지 않게 덮어버린다. 몸이 덜덜 떨리고 발걸음이 무거워지는 것을 느낀다.

다른 상황전개는 얼마든지 가능하다. 이는 의심이 들기 시작하는 상태를 새로운 행동방식을 배우기 위한 도전으로 받아들일 때 가능하다. 우리의 심판관들과 내면의 동지들이 벌이는 열띤 대화에 뛰어드는 것이다. 이런 종류의 대화를 본격적으로 다루기 전에 물론 무대공포증의 심적인 배경들을 더 자세히 살펴보고 핵심적인 열쇠가 되는 개념 하나를 눈에 잘 띄도록 한 가운데 세워놓을 것이다. 그건 바로 자긍심이다.

무대공포증의 핵심에는 우리가 어떤 사람인지 몹시 부끄럽고 한심하게 알려져 결국 체면을 잃고 말 것이라는 두려움이 있다. 이런 증세를 호소하는 이들은 대개 겉으로는 자발적으로 스포트라이트 안에 서는 사람들이다. 이들에겐 자기 스스로를 얼마나 많이 과대평가했는지에 대해 주위의 집중적인 관심이 쏟아진다. 그 만큼 뭔가 부족한 모습이 폭로되는 것은 견디기 힘든 일이다. 약점이 적나라하게 드러나면 자긍심도 함께 위축된다. 실패했다거나 거부당했다는 느낌에 수치심까지 든다. 여기에 숨어있는 것은 외부 혹은 내부에서 거는 기대와 스스로 인지한 자기 약점 사이의 갈등이다. 이 갈등이 공개 석상에서 일어날 때는 난감하다. 우리는 사람들의 비웃음을 두려워한다. 비극적인 사실은 그 상황에 몰리는데 있어 스스로에게 책임이 있다는 점이다. 우리를 무대에 내보이기로 결정하는 존재는 결국 우리 자신이다.

무대공포증은 자아에 대한 감정과 연관된다. 자기에게 얹힌 기대의 무게와 자기가 보여줄 수 있는 능력의 크기 사이에 갈등이 깊을수록 자긍심은 더더욱 위태로워지고, 두려움과 그에 대항하는 방어기제의 크기도 급격히 증가한다. 갈등의 내용은 다양하다.

"난 능력이 충분치 않아."

"난 별로 중요하지도 않고, 날 가치 있게 봐주는 사람도 없어."

"이쪽에 관해서는 난 약하고 한심한 존재야."

"난 못 생긴데다 서투른 것 같아."

"우스워질까봐 두려워."

"나에게 무언가 요구될 때마다 난 번번이 실패하고 말아."

누가 무대 위 내 가치를 평가하는가? 보통 세 그룹의 심판관이 있다. 타인청중, 집단, 상사 등과 과거의 가까운 지인부모, 교사 등 그리고 자기 자신이다. 무대 위에서의 두려움은 '내가 외부의 눈에서 어떻게 평가될까'와 '과거에 어떤 평가를 받았는가' 그리고 '내가 나 스스로를 어떻게 인지하고 있는가'에 대한 답 사이에 있는 긴장에서 발생한다. 여기에서 가장 중요한 사항은 모든 평가가 공개적으로 이뤄진다는 점이다. 이로 인한 긴장감에 사로잡히면 무대 위 모든 눈들이 나 하나를 응시하고 있는 듯하다. 쥐구멍에라도 얼른 숨고 싶은 심정이다. 나 자신은 물론 심판관들의 영향권에서 벗어나고 싶다. 적어도 나를 수치스럽게 느끼게 하는 사람들로부터 말이다.

'여기서는 어떤 기준에 따라 나를 평가하는가?'하는 것도 무대나 연단 위에서 중요한 고려사항이다.

"나는 모든 사람으로부터 사랑과 인정을 받아야 해."

"빛나는 무대를 보여줘야 해."

"무조건 성공해야 해."

"내가 완벽할 때에만 주목을 받게 될 거야."

우리는 흔히 이렇게 말한다. 그렇다면 과연 이를 위한 적절한 평가 기준이 있는 것일까, 왜곡된 비합리적인 기대만이 작용하고 있는 것일까? 사실은 내가 그리는 이상적인 모습, 다시 말해 내가 기꺼이 되고 싶은 모습이 의식에 크게 작용하고 있다. 부모는 자식에게 이상적인 모습을 제시하고 또 그렇게 될 것으로 믿는다. 자식들은 부모를 이상적인 모습으로 관찰한다. 때문에 부모는 자식이 스스로에게 기대하는 모습에 커다란 영향을 미친다.

이렇게 생겨난 기대치는 세월이 흐르고 나이를 먹어가면서 자기 행동의 **주**된 모티브가 된다. 자기 내면의 기대로 곤긴히 자리 잡는 깃이다. 겉으로 표현되지 않을 지라도 부모의 기대가 비현실적일수록, 그리고 그 기대가 아이의 감성적 세계를 강하게 부인할수록, '이상적인 아이'와 '실제 아이' 사이의 불협화음은 점점 더 커진다. 비현실적인 기대는 이후 부모가 아닌 타인을 대할 때도,

직장 상사나 청중을 대하더라도 비슷하게 작용한다. 이는 고질적인 문제가 된다. '저 사람들은 나에 대해 어떻게 생각할까?'하는 눈치를 자주 보게 된다는 말이다.

자식의 이상적인 모습을 스스로 그리게 하는 일은 자기 능력을 키우는 데 도움이 된다. 지나치게 이상화된 기대를 강요하지는 않고 말이다. 과도한 요구는 반복된 실망의 동기가 되면서 평가에 대한 두려움에 쉽게 사로잡히는 계기를 만든다. 이는 결국 자식의 능력을 제한하는 모습으로 이어질 수 있다. 내가 되고 싶은 이상적인 모습과 내가 지각하는 나의 실제 모습 사이의 긴장이 크면 클수록 자기의 약점이 드러나거나 낮은 평가를 받는 데에 대한 두려움도 커진다.

자신의 이상적인 모습이나 '과대자아'_{프로이트 학파에서 유래한 개념으로 충족되지 못한 욕구와 그로 인해 상처 입은 자기애에 대한 무의식적 반동으로 자신의 모습을 과대 포장하게 되는 현상}와 관련된 갈등은 공통점이 있다. 유아기 발달단계에서 발생한다는 것이다. 유아기는 포괄적인 욕망에 따라 움직이는 시기다. 심리분석학자인 하인츠 코후트_{Heins Kohut}는 과대자아를 자아의 초기 단계에 고착하는 심리 현상으로 기술한다. 자아의 초기 단계란 아이가 마치 마법 같은 방법으로 세상을 지배할 수 있는 것처럼 느끼는 단계다. 다시 말해 무한한 전능함의 환상을 품는 시기다. 일반적으로 이런 식의 자기 과대평가는 길게 지속되지 않는다. 점차 성숙해지면서 아이는 한계를 인정하는 상태로 접어든다. 과대자아가 현실에 가까운 자긍심으로 전이되기 때문이다. 이러한 성숙 과정이 성공하지 못하면 비현실적인 과대 환상이나 경탄을 받고 싶다는 욕망에 빠진다. 사실 거의 모든 사람은 일정한 정도의 '과대자아'가 존재한다. 다만 이것이 흔히 '스타 의식'으로 알려져 있는 과대망상으로 드러나면 문제가 된다. 스타들은 그들을 칭송하는 말이나 환호성에 쉽게 빠져 든다. 그들은 일반인들이 투영하는 꿈과 욕망의 광휘 속에서 번쩍이는 빛을 발한다. 그러나 팬들의 마음이 식게 되면 그 빛은 순식간에 사라질 수 있다. 이미 우리는 한 국가의 희망이자 미래라도 되는 것처럼 많은 기대와 사랑을 받았던 스타들이 한 번에 사라지는 일을 수 없이 목격했다.

무대공포증은 과대자아에서 에너지를 얻는다. 바람직한 경우, 과대자아는 최상의 결과를 얻기 위한 보조자로 작용한다. 그러나 때론 과도한 성과를 요구해 도달할 수 있는 목표를 오히려 멀어지게 만든다. 과대자아의 과포장된 요구는 무대에서 부정적인 역할을 한다. 자기를 보여주는 시도 하나하나를 무자비한 비평자의 눈으로 추적하기 때문이다. 심한 자기비하는 그 정반대인 과대평가와 마찬가지로 자기 자신에 대한 잘못된 관념에 뿌리를 두고 있다. 과대자아와 자기 비하의 드라마를 저속도촬영으로 추적해보고 싶다면 공연 전에 무대 뒤를 잠깐 들여다보는 것으로 충분하다. 많은 공연자들이 마치 목숨이 위태로운 사람처럼 극도의 공포에 마비된 모습이다. 보고 있자면 그 모습 자체를 공연으로 만들어보고 싶어진다. 그 공포는 과대자아와의 일체감이 뚜렷할수록 더 강하게 나타난다. 외부의 환호성이 절실해질 때 말이다. 더 이상 박수소리를 얻을 수 없을 때 겪게 될 자기 상실에 대한 두려움도 마찬가지다.

우리는 누구나 타인의 관심을 필요로 한다. 그러나 이런 욕구가 중독으로 발전하는 것은 대단히 위험한 일이다. 여기에 경쟁의식의 경향까지 덧붙여지면 자신의 부족함에 대해 극단적으로 예민해진다. 어느 정도 자긍심을 가지고 무대에 나서는 이는 청중의 호의나 인정을 받지 못할 것에 대한 두려움에 덜 휩쓸린다. 그는 관심에 대한 굶주림에서 자유롭다. 타인의 관심을 얻지 못할지라도 보다 쉽게 적응할 수 있다. 이드레스 샤_{Idries shah, 이슬람교 신비주의 수행자, 수피들의 이야기를 모아 이슬람 구전문학의 정수라고 평가받는 '동방의 사상가들(Thinkers of the East)'을 저술했음}의 다음 한 문장은 관심 중독을 해결하는 방책으로 마음에 새겨둘만 하다.

"관심을 끄는 방법을 공부하라, 선물하라, 받아들여라, 그리고 서로 나누라."

타인의 시선에서

표현 능력의 토대는 사람들의 눈에서 반짝이는 빛이다. 그 눈빛 속에서 우리들의 무대 역사가 시작된다. 다정한 눈길을 받으면서 무언가를 창의적으로 계획하는 습관을 익혀 자라난 사람은 뭔가 다르다. 자기표현의 시도가 매번 차가운 시선 혹은 부정적 어투의 간섭에 시달리며 자라난 사람과 극복하기 힘든 차이가 있다.

어린 나이에 무시당하는 일을 자주 경험하면 긍정적인 자화상이나 자아감정을 발전시키기 힘들어진다. '불에 데인 아이가 불을 두려워한다'고 흔히 말하곤 한다. 이는 그들이 작은 말에도 상처입기 쉽고 불신감에 휩싸인다는 사실을 알려준다. 이들은 공격성을 보이거나 혹은 뒤에 숨어 불평불만을 늘어놓는 행동으로 주위에 두터운 보호막을 친다. 학창시절에 혹은 또래집단 속에서 무시당하는 장면들이 기억 속에 쌓일수록 불안한 심리 상태를 갖게 되고, 결국 자기표현이 어려워진다. 평가하고 평가받는 영역에서도 갈등이 발생한다. 기대와 현실이 일치하지 않으면서 자기가 인지한 내용과 자신의 표현력을 불신하기 시작한다.

승리와 실패, 힘과 무기력, 사랑하는 것과 사랑받는 것, 가치와 무가치 등의 상반된 경험들은 인생의 초기 무대에서 시험되고 학습된다. 당시 타인의 시선들이 나누는 대화나 갖가지 반응들은 기억의 저변에 깊이 가라앉아 현재까지 지속적인 영향을 미친다. 그래서 현재 상황에서 비슷한 일이 발생하면 과거 장면들이 다시 표면으로 떠올라 현실화된다. 이렇게 과거 장면이 새로운 장면과 연결돼 현재화되는 일은 상황을 '자기 자신의 이야기'로 체험할 수 있게 해준다. 여기서 지속적인 일관성과 행동의 확신이 생겨나며 다른 한편으로는 과거의 해결책에 고착화될 위험을 나타낸다. 현재가 새롭고 적절한 해결책을 요구하고 있는데도 과거 행동 모형만 반복하게 되는 것이다. 과거 모형의 효과에 대해 인지하지 못하면서 말이다.

무대공포증에는 현재의 두려움뿐만 아니라 과거의 감정까지 응축돼 있다. 과거의 장면들이 부지불식간에 현재의 비슷한 상황에 함께 흘러간다. 실상 안전히 새로운 무대란 존재할 수 없다. 공황 상태에 가까운 무대공포증은 육체의 보관실에서 과거의 두려움과 실패의 경험들이 끓어오르는 현상으로 해석할 수 있다. 그 경험들이 자기 현실을 객관적으로 바라보는 시각, 이른바 '관찰하는 자아'를 압도해버리는 것이다. 이때는 실패와 성공의 경험을 포괄하는 삶의 이력이 결정적인 역할을 한다. 무대공포증에는 이제까지 경험한 실패의 이야기들이 집약돼 있다. 무대공포증이 항상 개인적 경험의 결과물은 아니다. 내가 관찰자로서 참여했던 타인의 경험이 문제가 될 수도 있다. 부모와 교사에 의해 반복적으로 비웃음을 사고 무시당하는 사람의 친구나 형제로서 그 상황의 증인이었던 것만으로 이미 엄청난 두려움에 노출된다. 일체감과 공감을 느끼면서 자기가 직접 체험한 것과 비슷한 영향을 받게 되는 것이다. 이를 이해하기 위해선 두려움을 일으키는 요소부터 제대로 파악해야 한다. 대리 체험조차도 두려움 유발인자가 될 수 있다.

무대공포증을 극복한다는 것은 과거 장면들과 가치평가의 압박감에 더 이상 좌우되지 않는다는 의미다. 그러기 위해서는 우선 과거의 경험을 인식하고 그것의 의미를 이해하는 법을 배워야 한다. 이 때 자기 체험에 심각한 장애가 있을 경우, 반드시 전문 심리치료사의 도움을 받아야 한다. 자신을 이해하거나 과거의 장면을 깊이 있게 돌아보는데 있어 전문가의 이해와 해석은 대단히 중요하다. 과거 실패에서 벗어나 성공에 이르는 새로운 경험은 새로운 시작을 뜻한다. 여기에 새로운 자기 가치평가가 나타날 수 있다.

Chapter 1 | 사람들 앞에선 왜 떨릴까

chapter

2

무대공포의
정체를 밝혀라

내면의 겁쟁이는 자기가 부족하다는 느낌 그리고
수동적인 태도에 대한 핑계거리를 제공해준다.
그래서 우리를 유약함 뒤에 숨도록 이끈다. 겁쟁이가
보여주는 가장 빈번한 반응은 후퇴이기 때문이다.
그의 좌우명은 이렇다.
"상황을 해결하려 대들기보다
차라리 아프고 말자!"

감정의
감별 작업

육신이 겪고 있는 무대공포증을 제대로 이해하기 위해서는 과거부터 살펴봐야 한다. 과거의 부정적인 경험과 평가들이 어떻게 현실로 전이되었는지 따져보는 일이다. 그런 과정을 정신치료 분야에서는 '감정의 감별 작업'이라고 부른다.

작업은 먼저 현재 무대에 과거의 영향이 계속 작용하고 있다는 사실을 인정하면서부터 시작된다. 무대공포증이라는 현상을 똑바로 보고 이해하겠다는 자세로 마음을 열어야 한다. 모든 무대가 각각 독특한 성질을 갖고 있기에, 다시 말해서 시간과 장소에 따라 다른 반응이 나타나기 때문에 현재 마주한 상황에서 무대공포증을 이해하는 게 중요하다. <mark>무대공포증을 겪는 이들이 고통을 느끼는 실제 이유는 증상을 관찰하지 않고 그냥 밀어내려고 하기 때문이다.</mark> 이와 관련해 도움이 될 만한 질문이 있다.

'과거에서 새로운 상황으로 전이된 것은 언제, 어디의 어떤 것인가?'

'내 육체는 지금 무엇을 표현하는가?'

'무대에 오르기 전에 나는 스스로에게 어떤 말을 했나?'

'어떤 내면의 목소리가 유난히 클까?'

곰곰이 생각해보면 우리는 무대에 오르기 전이나 무대에 올라가 있는 동안에도 자기 자신과 대화를 나누고 있음을 알 수 있다. 자기 대화가 유용하게 흘러갈 때 우리는 긍정적인 내면의 목소리 또는 내면의 동지들을 만날 수 있다. 스트레스가 심한 상태라면 또 다른 목소리를 듣는다. 부정적인 경험을 통째로 들이밀고 나를 괴롭히는 목소리들이다. 대개 그 목소리는 이미 영향을 미치고 난 다음에야 느낄 만큼 재빠르다. 이 때 우리는 불쾌한 느낌에 사로잡히면서 끝없는 걱정에 위축된다.

그러므로 이런 부정적인 목소리들을 등장 즉시 현행범으로 잡아내는 게 필요하다. 목소리가 공격을 해오는 신호는 우리의 감정이다. 불안하고 걱정되고 편치 않고 불쾌하다는 느낌이 들면 서둘러 범인을 찾자.

이 때 들리는 내면의 목소리로서 몇 가지 전형적인 문장들을 마주쳤을 것이다.

'난 어차피 아무 것도 말할 것이 없어.'
'내 목소리가 또 자동응답기처럼 들리네.'
'사람들이 다 나보다 잘나 보여.'
'난 너무 뚱뚱한가봐.'
'나 오늘 완전히 새됐어.'
'보나마나 실패하고 말 거야.'
'창피나 안 당했으면 좋겠다!'
'여기 나한테 관심 있는 사람은 아무도 없어.'
'옷이 이게 뭐야, 완전히 잘못 선택했어.'

이런 억측들은 우리를 유약하고 왜소하게 만든다. 이런 '자긍심 도둑들'에게 당당하게 맞서 단호한 주장을 할 수 있어야 한다. 스스로에게 이렇게 말해보자.

"반드시 잘못되지는 않는다는 것을 잘 알고 있잖아. 그 반대의 경우도 충분히 자주 경험해왔어. 그리고 내가 무언가 실수를 한다고 해서, 혹은 망신을 당한다고 해서 세상이 무너지는 게 아니잖아. 어쩌면 이런 작은 약점들이 나를 더 폼 나게 만들 수도 있는 것이고."

단연코 부정적인 목소리에 무기력하게 끌려가지 말아야 한다. 그래야 부정적인 목소리들과 소통하는 가운데, 우리에게 가장 효과적인 것이 무엇인지 찾아낼 수 있게 된다. 중요한 것은 미리 정해놓은 긍정적인 믿음의 문장들을 되뇌는 게 아니라 자신의 문제가 무엇인지, 자기에게 말을 거는 부정적인 목소리의 정체가 무엇인지 분명히 깨닫는 일이다.

그 전에 우선 자기 내면에서 솟아오르는 생각에 대한 관심이 필요하다. 관심어린 호기심은 주의력과 관련이 있다. 주의 깊게 내면의 소리에 귀를 기울이자. 내면에서 솟아나오는 생각들은 우리를 새로운 방향으로 이끄는 첫걸음이다. 우리의 인지 능력에 대한 충분한 사고는 그 무엇과 맞서 싸우기 위해서가 아니다. 우리 자신을 위해 사용하는 것이다.

내면의 목소리에
귀 기울여라

　무대공포증을 완전히 없앨 수는 없다. 그러나 적어도 그것에 대처하는 법은 배울 수는 있다. 사실 공포심을 침묵하게 만드는 것은 가능하지도 않고 또 바람직한 일도 아니다. 무대공포증은 우리의 육체에 훌륭한 무대 발표를 위한 '에너지'와 '집중력' 그리고 '적절한 긴장'을 제공해주는 가치 있는 동반자이기 때문이다. 발표나 공연을 제대로 해내기 위해서 최소한의 긴장은 필수다. 전혀 긴장하지 않거나 완전히 긴장이 풀리면 충분한 에너지와 집중력은 거의 발휘하지 못한다.

　에너지, 집중력, 적절한 긴장, 이 세 가지는 청중을 사로잡기 위해 절대적으로 필요한 요소다. 청중은 당신의 무대와 발표를 즐기기 위해 시간을 소비했다. 그 대가로 재미나 교훈 혹은 유용한 정보를 기대한다. 우리가 맹숭맹숭하게 기계같은 모습을 보여준다면 관객에게 무시당한 느낌을 줄 수 있다.

그런 의미에서 청중은 우리가 온 마음으로 달려들어 무언가 감수해내기를 기대한다.

무대공포증은 우리 자신에게만 아니라 청중에게도 가치 있는 것이다.

그것은 우리를 성공으로 이끄는 자극이 될 수 있다. 공포증에 맞서 싸우면서 어떻게든 이를 밀어내고 잊어버리려고 하는 대신, 그것을 받아들이고 효과적으로 대처하는 법을 배워야 한다. 그 자세를 간단하게 한 마디로 요약하면 아래와 같다.

'일어나 말하도록 내버려두자.'

무대공포증을 받아들이는 것은 우리 자신과 화해하는 첫 걸음이다. 내면의 목소리들에 귀를 기울이는 것도 그 일환이다.

가장 간단한 방법은 내면의 목소리에 형상을 부여하는 것이다. 그렇게 하면 그 목소리와 접촉해 직접 대화를 나누고 협상하는 것이 보다 쉬워진다.

무대공포증을 일으키는 내면의 목소리는 세 가지로 집약할 수 있다. '비평가', '의심꾼', '겁쟁이'가 바로 그 주인공이다. 비평가는 완벽주의자와 의심꾼은 독단론자와, 겁쟁이는 보호자와 다시 짝을 이룬다.

비평가와 완벽주의자

이 목소리는 두려움의 드라마에서 고전적인 역할을 맡는다. 종종 나는 상담 의뢰인에게 이 비평가를 그려보도록 한다. 대개는 집게손가락을 높이 쳐든 사람을 그린다. 입술은 얇고 꼬장꼬장하고 엄격한 모습이다. 이 비평가는 무슨 일이 벌어질지 다 알고 있다는 듯이 말한다. 그의 관심은 우리의 실수나 약점에 집중된다.

"벌써 한 문장 깨졌고."

"이런 멍청한 실수가 있나."

"넌 절대 이해를 못하는군."

"어떻게 그런 짓을."

"이래서야 어디 사람들 앞에 나설 수가 있겠냐고."

"그렇게 바보처럼 행동하지 좀 마라."

"넌 한 마디로 재앙이다, 재앙이야."

그는 우리의 행동을 일일이 감시하고 비난하고 꾸짖는 수고를 아끼지 않는다. 단어 선택은 그다지 신사답지 않아서 '멍청하다', '막장이다', '구제방법이 없다', '아둔하다' 등 무시하고 얕보는 말들을 아낌없이 사용한다.

이 내면의 비평가는 아주 친한 인물 하나와 손에 손을 잡고 나란히 출현한다. 바로 '완벽주의자'다. 그는 우리가 흠이나 실수 없이 발표하기를 원한다. 심지어 우리에게 희망을 주고 힘을 내라고 격려하기도 한다.

"좀 더 열심히 노력해봐."

"아직 좋지 않아."

"더 잘 하게 되어야 해."

"매일 연습해야지."

"더 일찍 일어나라."

"집중해."

"정신 차려!"

"모든 상황을 다 고려한 거야?"

완벽주의자의 어휘는 권위적이고, 엄격하고, 의심에 가득 차있다. 또한 무조건적이다. 우리는 무엇을, 어떻게 해야 할지 잘 알고 있어야 한다. 그래서 대개는 명령하듯이 말한다.

상담 의뢰인들의 상상 속에서 완벽주의자는 채찍을 들고 있다. 그가 비평가를 자기편으로 끌어들이는데 사용하는 꿀사탕은 완벽하고 흠잡을 데 없는 공연이나 발표라는 선물이다.

비평가와 완벽주의자가 능력 향상이라는 건강한 목표를 위해 손을 잡고 힘을 쏟는다면 아주 가치 있고 유용한 동반자다. 이들은 우리 스스로 꾸준히 발전하는데 도움을 줄 것이다. 반대로 비현실적이고 도저히 이룰 수 없는 요구들을 위해 힘을 합친다면 억지, 과도한 공명심, 압박감 등이 발생하기 쉬운 조건을 만든다.

완벽주의자가 우위를 점하면 목표를 정하는 내면의 기준점이 자기도 모르는 사이에 너무 높게 설정된다. 그 결과 자긍심에 상처를 입힌다.

지나친 완벽주의는 경직된 마음으로 고집을 부리게 만든다. 자연히 자기 자신에 대한 과도한 요구로 이어진다. 완벽주의가 위험한 또 다른 이유는 '완벽한 무대를 선보였을 때에만 나는 가치 있는 사람이다'라고 하는 환상에 사로잡히도록 하는 것이다.

완벽주의자가 노를 잡게 되면 다른 내면의 인물도 함께 활성화된다. 바로 의심꾼이다. 이 내면의 목소리는 우리를 불안하게 만드는 질문들을 계속해서 던진다.

의심꾼과 독단론자

의심꾼은 아래 같은 회의감으로 자신을 표현한다.
"내가 해낼 수 있을까?"
"내가 너무 많은 것을 계획하고 있는 것 아냐?"
"돌발상황이 생기면 어떻게 하지?"
"너무 어려운 일 아냐?"

의심꾼의 핵심적인 특징은 불확실성과 불안감이다. 무대 등장이 가까이 다가올수록 의심꾼의 목소리는 더욱 힘을 얻는다.
"이런 제길, 딱 하루만 더 있다면!"

"사람들이 오는 게 확실한 거야?"

"네가 해낼 수 있다고 확신할 수 있어?"

의심꾼은 이성에 근거를 두고 있으며 주로 미래에 살고 있다. 의심꾼이 힘을 얻게 되면 곧 또다른 인물을 불러들인다. 바로 '비겁자'다. 처음 대할 때 그는 마치 우리 편처럼 느껴진다. 듣기 편한 조언을 열심히 해주기 때문이다.

"그냥 거절해버려!"

"너에 대한 기대가 너무 크잖아!"

"네가 함께 하지 않아도 어차피 아무도 몰라."

"그냥 다른 사람 하라고 해!"

"아프다고 하면 어떨까?"

"자동차가 시동이 안 걸릴 수도 있잖아!"

그렇지만 이런 조언들은 절대 우리에게 필요한 것이 아니다. 의심꾼에게서 벗어나려면 비겁자의 목소리가 아니라 더 많은 확신과 용기가 필요한 것이다.

이 때 우리를 도와주겠다고 약속하는 친숙한 목소리가 있다. 주인공은 '독단론자'다. 그는 무엇이 옳고 어디를 따라서 걸어야 할지 알고 있다. 그의 대답과 충고는 진지하게 인상을 쓰면서 경고하는 선지자나 스승의 모습을 떠올리게 한다.

"네게 필요한 것은 더 많은 규율이야!"

"긍정적으로 생각해!"

"한눈팔지 마라!"

"더 건강하게 먹어야 해!"

"매일 명상을 해야 한다!"

"운동을 더 많이 해야만 해!"

독단론자가 제안하는 해결책은 비겁한 의심꾼의 충고보다 이성적인 것처럼 보인다. 그러나 도움이 안 되기는 마찬가지다. 우리의 불안감을 진지하게 받아들이지 않기 때문이다. 독단론적 충고들은 오히려 혼란을 부추기기 쉽다.

"집중해!"

"좋은 쪽으로 생각해!"

누군가가 우리에게 이렇게 명령할 때 우리 머리 속은 편치 않다. 명령을 시행하는 게 거의 불가능하기 때문이다. 집중하려고 잔뜩 경직되는 만큼 우리는 오히려 집중을 방해받는다. 비슷하면서도 전형적인 예가 '기억의 공백'이다. 우리가 기억하려고 애를 쓸수록 기억 속의 매듭이 더 단단히 묶이는 현상을 뜻한다. 모든 것을 제대로 해내려고 노력할수록 몸과 마음이 부자연스럽게 경직될 위험이 커져서 결국 실수를 범하는 경우가 잦다. 매듭은 명령을 한다고, 잔뜩 긴장해서 죽어라 노력한다고 풀어지지 않는다. 긴장부터 푸는 게 답이다. 이 때 갑자기 잊었던 것, 찾고 있던 것이 저절로 나타난다. 매듭을 푸는 실마리를 발견하게 되는 것이다.

겁쟁이와 보호자

내 의뢰인 가운데 한 사람은 자기 내면의 겁쟁이를 시각적으로 표현해보라고 하자. 애달프게 흐느끼는 작은 소녀로 그렸다. 또 다른 의뢰인은 아동용 바이올린을 들고 가슴이 찢기는 서러운 음조로 겁쟁이를 표현했다. 내면의 겁쟁이는 자기가 부족하다는 느낌 그리고 수동적인 태도에 대한 핑계거리를 제공해준다. 겁쟁이가 보여주는 가장 빈번한 반응은 현실에서의 후퇴이다. 그의 좌우명은 이렇다.

'상황을 해결하려 대들기보다는 차라리 아프고 말자!'

내면의 겁쟁이에게 사로잡힌 이들에게 당당하게 앞으로 나서는 일은 비효율적으로 느껴진다. 무기력해지면 과제를 회피하고 책임에서 벗어날 수 있기 때문이다. '어쩌면 도움을 주려고 뛰어드는 사람이 있지 않을까?' '누군가 다른 사람이 나 대신 그 일을 하지 않을까?' 하는 생각이 겁쟁이를 지배한다.

"난 못해."

"난 몰라."

"난 싫어."

"컨디션이 엉망이야."

"난 재능이 없어."

이런 공감과 동정을 간청하는 말 뒤로 갖가지 장황한 변명까지 준비해 놓고 있다.

"너무 힘들어서."

"시간이 없어서."

"너무 지루해서."

내면의 겁쟁이는 또한 질투심에서 자유롭지 않다. 다른 사람들이 자신과 달리 일을 더 쉽게, 더 잘, 더 간단하게 해내는 것처럼 느껴진다. 그래서 이렇게 말한다.

"나도 그런 부모 밑에 태어났다면."

"나를 조금만 더 지원해줬다면."

"내가 그렇게 매력적이라면."

"그렇게 시간이 많다면."

결국 겁쟁이는 우리를 약하고 수동적인 입장으로 이끌어 상황에 책임을 돌리게 만든다. 해야 할 일에서 도망치도록 유도하는 것이다.

겁쟁이와 함께 움직이는 동맹군이 하나 있다. 바로 '보호자'다. 보호자는 왜 우리가 의무를 다할 수 없는지, 어째서 무언가를 미뤄놓는다든지 아예 피해 도망쳐야 하는지를 설명할 좋은 이유와 주장을 손에 쥐고 있다. 그는 겁쟁이를 핑계로 나를 보호한다. 사실 공감을 위장한 핑계다.

"일단 조금 휴식을 가져봐."

"기다려보지, 어쩌면 저절로 해결될 수도 있으니까."

"먼저 뭣 좀 먹어."

"아마 아무도 눈치 채지 못할 거야."

이와 같은 내면의 목소리가 가진 문제는 우리를 돌봐주는 척하면서 오히려 우리를 약하게 만든다는 것이다. 우리가 두려움을 헤쳐 나가도록 힘을 주는 대신 끝내 두려움으로 몰아넣는다. 우리로 하여금 부족하다는 느낌을 사실로 인정하도록 만든다. 그 결과 원래 할 수도 있었던 일까지 하지 못하게 한다. 우리가 이런 목소리에 굴복하게 되면 전혀 준비되지 않은 채로 무대에 나서는 일이 생길 수 있다. 그렇게 되면 우리를 보호해 줄 사람은 아무도 없고, 어떤 변명의 여지도 없는 끔찍한 상황에 처하고 만다. 그제야 우리는 이른바 보호자의 정체가 결국은 악마였다는 사실을 깨닫게 된다.

다양한
임시 방편들

무대공포증에 대처하는데 근본적으로 도움이 되는 방법들이 있다. 하지만 짧은 기간 안에 어느 정도 효력을 보이는 임시방편의 인기가 높다. 얼핏 보기에 두 방책 사이에 큰 차이를 발견할 수는 없다. 하지만 효과 차이는 생각보다 크다. 정말 도움이 되는 전략들은 장기적인 변화와 지속적인 발전을 꾀한다. 반면에 잠깐 눈을 속이는 조치들은 안정만을 추구한다. 공포증에 맞서는 여러 방안들 가운데 미봉책을 쉽게 구분해낼 수는 없다. 겉으로 봐서 그것을 임시방편의 수단이라고 단정짓기가 쉽지 않다는 얘기다.

가장 즐겨 사용되는 미봉책은 도피성 전술이다. '시간이 더 있다면',

'내가 맡은 일이 그렇게 많지만 않다면', '내가 조금만 더 잘 집중할 수 있다면', '잠을 더 제대로 잘 수 있었다면', '그렇게 진탕 즐기지 않았다면' 하고 생각하는 것을 말한다. 물론 엄청난 압박이나 심각한 궁지에서 책임을 상황 탓으로 돌리는 방법은 자존심에 상처를 입지 않게 분명 도움을 준다. 하지만 길게 볼 때 긍정적이라고 볼 수 없다. 무대공포증 문제를 제대로 분석하고 처리하기 힘들게 만들기 때문이다.

임시방편으로 쓰이는 미봉책은 세련되지만 교활하다. 용서를 구하면서 변명이나 핑계거리를 찾는 일이 비슷한 맥락에 속한다. 변명을 하면서 용서를 구하면 다른 사람들의 비판적인 평가가 예측될 때 세찬 공격을 미연에 방지할 수 있다. 이런 전술에는 다음번에는 내가 더 잘 준비되어 있을 거라는 암묵적이고 추상적인 희망이 전제돼 있다. 그 예상이 항상 맞지는 않기에 다음에도 똑같이 용서를 구하게 되고 또 다른 핑계거리를 찾게 된다. 전반적으로 악순환의 고리에 빠져드는 것이다. 당장은 불쾌한 결과를 피할 수 있겠지만, 장기적인 관점에서는 "내 행동에 대해 나 스스로 책임을 지겠다"고 말하는 편이 훨씬 더 효과적이다.

미봉책의 무기는 불리한 조건을 주장하는 것이다. 거의 항상 이용하는 소재는 날씨, 시간, 음향, 공간, 청중, 짧은 준비시간 등등 우리가 최선을 다하지 못하도록 막는 외부 조건들이다. 우리가 최적의 조건들을 가질 수 있었다면 얼마나 좋았을까! 그런 해명은 우리가 훨씬 더 많은 것을 보여줄 수 있었다는 인상을 전달한다.

미봉책은 두 가지 효과를 노린다. 청중들로 하여금 우리를 보다 온화한 눈으로 바라보면서 너무 많은 것을 기대하지 않게 만드는 효과가 그 첫 번째다. 나아가 지금 보여줄 수 있었던 것보다 더 잘 할 수 있다는 인상을 심어줄 수도 있다. 그런 상황에서 우리는 스스로에게 지나치게 관대한 자세를 지니게 되고 다음 기회를 핑계로 우리 자신을 위로할 수 있다.

이와는 반대로 스스로를 부족하고 모자라다고 가혹하게 비판하면서 우리 스스로를 약하게 보이도록 만들 수도 있다. 다른 사람이 그런 생각에 이르기 전에 차라리 우리가 우리 자신을 비판하고 나서는 것이다. 스스로 채찍질하면서 다른 사람들을 당혹스럽게 만드는 방법이다. 청중들은 이 때 우리와 거리를 두어야 할지 혹은 칭찬과 격려를 해야 할지 선뜻 결정하기 힘들어진다. 다른 사람이 칭찬할 정도의 실력을 보이고도 과도하게 자기를 비판함으로써 보다 많은 관심과 주목을 받을 수도 있다. 이 때 우리는 우리가 지닌 실제 재능을 넘어서는 이미지를 이뤄낸다. 이 역시 미래를 불안하게 만든다.

미봉책의 늪에서 벗어나는 길은 간단하다. 그저 솔직하면 된다. 우리가 오늘 할 수 있었던 것이 전부임을 스스로 인정한다면 앞으로 더 멀리 나갈 수 있다. 현재에 현재 이상의 것을 보여주기는 절대 불가능하다. 보여지는 그림이 우리의 진짜 모습보다 더 좋은 모습일 필요도, 더 나쁜 모습일 필요도 없다. 노력의 결과가 어떻든 지금의 자기 모습이 현재 상황에서 최선이며, 그 이상은 불가능하다는 사실을 인정하는 것은 자기 자신을 정확하게 인지하는 길이다. 이는 장기적으로 진정한 자신감을 키우는 데 필수다.

우리는 종종 스스로 길을 가로막고 있다고 느낀다.

여기서 만나는 미봉책의 변종은 자기를 비웃는 행위, 즉 자조自嘲다. 우리에게 타인의 비웃음보다 더 두려운 것은 찾기 힘들다. 그래서 예방조치를 취한다. 자기 약점을 과장해 냉소적으로 드러내는 것이다. 하지만 바로 그 행위를 통해 또다른 재앙을 불러오고 만다.

자신에 대한 비웃음은 우리가 정말 두려워하는 장면을 만들어내곤 한다. 본인이 예견한대로 자리에서 넘어지고, 식은땀이 줄줄 흐를 수 있다. 자기를 그렇게 프로그래밍했기 때문이다. 우리의 잠재의식은 우리의 신랄한 조소와 부정적인 예언을 저장하고 그것을 현실로 만들어낸다. 자조와 부정적인 자기 평가는 그래서 우리의 에너지 흐름을 방해하고 차단한다. 우리 스스로를 무시할수록 그냥 놔두면 얼마든지 성공할 수 있는 자아와 우리를 막아 세우는 저항력 사이의 격차를 키운다. 편안한 해방감을 주는 유머와는 반대로 부정적인 유머는 자기 비하와 연결된다. 그리고 우리가 두려움에 대처하려고 하는 순간에 더더욱 어울리는 친구가 아니다.

자기가 만드는 또 하나의 함정은 무대를 준비하는 일에 관련된다. 무대에 서는 날 바로 전까지를 약속으로 몽땅 채워버리면서 스스로 주의를 다른 쪽으로 돌려버리는 것을 말한다. 자신은 그것이 활력을 준다고 생각할 수 있지만 문제는 방향이 잘못됐다는 것이다. 그렇게 되면 필요한 집중력이 발휘되지 않고, 때론 양심이 상처를 입고 안정을 찾지 못한다. 그럼에도 할 수 있는 노력은 모두 기울였다고 생각한다. 그러나 사실은 정신이 흐트러진 상태다.

우리에게는 준비를 미뤄놓아도 좋은 이유가 수없이 많다. 여기에 '언젠가 금방' 혹은 '미룸'의 기술이라는 함정이 등장한다. 이 함정에 빠진 사람은 해야 할 일을 질질 끌면서 사방에 할 일 목록을 메모지로 붙인다. 신문 읽기, 전화하기, 청소, 요리 혹은 장보기 등등. 상황을 단적으로 보면 다른 모든 일을 하느라 무대를 준비할 시간만 없는 것이다. 무대에 나서야 할 시간이 갑자기 다가오고 밤잠을 이루지 못하는 때가 올 때까지 그 상황은 계속 이어진다. 자기 과제에 대한 준비를 미루는 방식으로 수동적인 저항에 나서는 이유는 그 과제를 진짜 자기 일이라고 느끼지 않기 때문이다. 강요받아서 하게 된, 남의 의지로 자기에게 맡겨진 일이라고 느끼는 데 원인이 있다. 그래서 종종 자신을 희생자의 입장으로 언급한다. "내가 연설을 맡게 됐어." "갑자기 나를 연사로 지명했어." 등과 같이 말이다.

이 때 해결책은 무대를 스스로 원해서 적극적으로 선택한 것임을 인정하는 것이다. 그렇게 되면 이제 수동적인 저항은 쓸모없는 것이 되고 두려움도 차차 줄어든다.

종종 게으름의 목소리가 따라와 우리의 귀에 이렇게 속삭이기도 한다. "넌 어차피 막판에 몰려야 능력 발휘가 되잖아."

대개 이렇게 미루는 현상은 우리 내면의 의심꾼, 그리고 그의 친구인 완벽주의자와 손을 잡는다. 자기가 원하는 것을 만족시키지 못할 거라는 두려움은 애초에 위험을 감수하는 시도조차 막아버린다. 그래서 이상하게 들릴 수도 있지만 성공에 대해서도 두려움을 가질 수 있다. 그 두려움은 오랜 기간 장애요소가 된다. 매사를 미루면서 스스로의 가능성보다 낮은 상태에 머문다면, 딱히 할 수 있는 건 없다. 사람들에겐 우리에게 능력을 기대할 필요 없다는 믿음을 줄 수 있다. 다시 말해 우리가 두려워하는 상황을 자발적으로 만들어내는 것이다.

현대에 와서 무대공포증을 화학적인 방법으로 극복하는 방법이 제기되긴 했다. 70년대 말 미국 등지에서 베타차단제를 무대공포증 치료에 사용하는 방법을 논의하기 시작했다. 사실 그때까지만 해도 그 방식은 일반에 금기시됐고, 약제 복용은 전적으로 개인의 선택에 달렸었다. 그렇지만 세월이 흐르면서 베타차단제의 사용은 오랜 기간 연구되고 발전돼 일반에 수용됐다.

베타차단제는 어떤 작용을 하는 것일까? 스트레스 호르몬인 아드레날린의 분비를 억제하거나 베타아드레날린 수용체를 차단해 심장박동을 조절한다. 때문에 주로 심장약으로 사용되는 약물이다. 그래서 무대공포증의 신체 증상들을 완화하는데 도움을 준다. 정신 안정제처럼 소근육 운동의 조화를 깨뜨린다든지 사고 속도를 느리게 만들지는 않는다.

베타차단제가 무대공포증의 심적, 정신적 증세를 처음부터 차단하진 않지만, 두려움으로 인한 육체적 증상을 완화시키고 해소하는 데는 효과적이다. 따라서 베타차단제를 무조건 악마의 열매처럼 멀리할 게 아니라, 누가, 언제, 어떻게, 어떤 상황에서 사용할지 먼저 따져보는 자세가 필요하다. 간단히 말하자면, 의사와 상담해 개인에 맞는 결정을 내리는 게 최상의 선택이다. 물론 베타차단제가 철저한 무대발표 준비를 대체할 수는 없다. 단지 무대공포증의 신체적 작용을 완화시키는 의학적인 보조 재료일 뿐이란 사실을 잊지 말아야 한다.

약물의 복용량은 각자에 맞게 정해져야 한다. 필요한 정도를 고려하지 않고 무작정 약을 남용하는 것은 지극히 위험한 일이다.

베타차단제의 대안을 찾는 사람들이 긴급한 경우 활용할 수 있는 가정요법 두 가지를 알려주겠다.

 작은 물컵에 다음 재료를 분량대로 섞는다.

- 레시틴 두 큰술 알코올이 첨가되지 않은 것이 가장 좋다
- 산자나무 열매즙 두 큰술
- 레몬즙 한 찻숟가락 또는 합성이 아닌 순수 레몬기름 두 방울

이것을 마시면 실행 능력 향상의 효과가 있다. 맛이 나쁘지 않으면서, 마음을 안정시켜준다. 필자는 지금까지 많은 지인과 친구들에게 이 물약을 선물했다. 실제로 효과가 있었다.

- 레몬 세 개와 오렌지 한 개를 얇게 잘라 물 1리터에 넣고 잠깐 끓인다. 불을 끄고 잔열이 있는 경우라면 불에서 내리고 10분간 그대로 놓아둔다. 걸러낸 액체에 두 밥숟가락 분량의 꿀을 넣어 잘 저어준다.
- 소주잔으로 한 잔 분량을 하루 세 번 마신다. 무대에 오르기 삼일 전부터 시작하는 것이 가장 좋다.

이 액체는 아무 부작용이 없으며, 일거양득의 효과를 발휘한다. 마음을 안정시켜주는 효과와 활력을 증진하는 작용이다. 자신 있게 추천하는 바이니 반드시 시도해 보시길!

자기감정
이해하기

내면의 목소리에 귀를 기울이면 우리의 감정이 어떻게 움직이는지 알 수 있다. 감정이 혼란스러우면 현실을 바라보는 우리의 객관적 시선, 즉 '관찰하는 자아'에 맞설 수 없다.

혼란스러운 감정은 단순히 우리의 당혹감을 표현하는 것을 넘어 무대에 대한 일종의 참여의식을 보여준다. 연단이나 무대가 우리에게 의미가 있는 동시에 중요하다는 사실을 보여주는 것이다. 무대에 대한 두려움이 크다면 아무런 감정도 갖지 않을 때와는 질적으로 완전히 다르다고 볼 수 있다. 무대가 긴장감이나 놀라움을 제공해주지 않는다면 우리는 꼭두각시 인형이나 로봇과 다를 바 없다. 감정은 무대 발표에 있어 중요하고 필수적인 요소다. 중요한 것은 감정에 압도당하거나 방해받지 않고 함께 어울리는 방법이다.

감정을 대하는 올바른 태도는 '있는 그대로 내버려두자'가 될 것이다. 무대공포증과 연관된 감정들을 하나씩 알아보자.

두려움

무대공포증과 관련된 감정들 중 가장 두드러진 것은 두려움이다. 대개 특정 부위에 집중되는 고통과는 반대로 두려움은 몸 전체에 작용하는 감정이다. 두려움을 느끼는 사람은 머리부터 발끝까지 두려움을 느낀다. 그래서 사람 전체를 지배한다. 이와 수반되는 전형적인 증상으론 식은땀, 오한, 마비, 갑갑증, 소화불량, 급한 대소변 욕구 등이 있다.

청중들 앞에 등장하기 바로 직전의 생각을 떠올려보자.

혹시 '여기서 도망치는 게 최고야!'인가?

아쉽지만 도망의 본능은 실행될 수 없다. 주어진 상황도 그렇고, 스스로의 역할 의식이 실행을 가로막는다. 그래서 우리는 연단에 올라서서 깊은 숨을 들이마신다. 갑자기 새로운 생각이 솟구칠 수 있다.

"자, 이제 시작이야."

이는 결연함과 용기의 감정이다.

여기에서 두려움의 양극성이 뚜렷하게 드러난다. 막다른 좁은 길에서 광야가 열리는 현상은 여기에 나타난다. 다시 말해 두려움에서 용기가 생긴 것이다. 두려움의 최전선에서 초조함은 결연한 마음으로 전환된다. 우리 내면에서 한계를 뛰어넘는 것이다. 이런 관점에서 보면 두려움은 진보적이다. 우리에게 나쁜 일이 일어나지 않을 것을 믿는다면 두려움에서 용기가 자라난다. 또, 그 용기에서 신뢰와 자신감도 함께 생겨난다.

자기 능력에 대한 신뢰는 그냥 생기는 게 아니다. 무대를 위한 우리의 준비능력을 믿을 수 있을 때 나타난다. 준비 과정에서 할 수 있는 전부를 했다면 통제할 수 없는 나머지는 침착하고 태연하게 행운이나 운명에 맡겨둘 수 있다. 따지고 보면 모든 성공적인 무대는 세심한 사전준비의 결과일 뿐 아니라 일정 부분 행운이면서 은총이다.

준비가 불충분한 상황이라면 이야기는 달라진다. 그때는 당연히 그에 걸맞은 수준의 두려움을 가질 수밖에 없다.

그렇기에 두려움에 올바로 대처하기 위한 전제조건은 적절한 준비다. 우리는 두려움을 자신에게 더 많은 것을 요구하는 내면적 한계상황의 메시지로 받아들일 수 있다. 두려움을 뚫고 나아간다는 것은 그 두려움을 긍정하고, 마주한 모험을 감행하면서 스스로 세워놓은 장애물을 뛰어넘는다는 뜻이다.

무대에서의 두려움은 주로 무대 위의 발표자와 청중들 사이에 전선이 가로놓여 있다는 관념을 먹고 자라난다. 분리되고 고립된 느낌이 그것이다. 첼로 연주자인 게르하르트 만텔은 무대를 청중과 상호작용하는 과정으로 인식하려고 노력했다. 그렇게 관객과 소통하는 쪽으로 마음을 옮기자 변화가 나타났다. 동시에 무대에 대한 두려움도 점차 사라졌다.

훌륭한 소통을 위해서는 정확한 자기 인식이 필요하다. 나의 어떤 부분이 청중과의 관계를 막고 있는 것일까? 나의 목소리? 태도? 혹은 나의 몸동작이나 표정?

필자가 아는 한 여학생의 예를 살펴보자.

그 학생은 손이 떨리는 것을 청중이 알아볼 수 있을까 대단히 걱정하고 있었다. 나는 그 여학생에게 인카운터 그룹 심리적 성장을 목적으로 상호 교류하며 훈련하는 10명 이내의 소집단 앞에서 일부러 더 손을 떨어보라고 시켰다. 놀랍게도 여학생은 갑자기 더 이상 손을 떨 수 없었다. 떨어도 좋다는 허락은 그녀의 공포 에너지를 연설을 위한 활력으로 변화시켰다. 이제 그녀는 두려움이 손을 떠는 것을 숨기고 싶다는 마음에서 나온다는 사실을 알았다. 문제의 해결책은 떨리는 손을 멈추고 감추려고 애를 쓰는 게 아니라 청중들과 가까이 접촉해 소통하려 노력하는 것에 있었다.

피상담자가 가장 빈번하게 호소하는 두려움은 실수하고 실패할 것에 대한 걱정이다. 그 원인이 언제나 과거 실패 경험에 있는 것은 아니다. 과거의 성공도 원인이 될 수 있다. 성공을 경험할 때마다 스스로에 대한 평가 수준이 변하고 자신에 대한 요구도 증가한다. 성공적이라는 말은 자기이미지의 확대, 더 많은 책임을 의미한다. 또한 더 많은 관심을 받고 더 많은 기대에 부응해야 한다는 뜻이기도 하다. 이 때 관객들의 기대뿐만 아니라 자기 자신의 기대치도 커진다. 기대가 클수록 실패와 실망의 위험도 커지게 마련이다.

실패할까봐 두려워하는 사람들에게서 주로 나타나는 특징은 내면의 비평가가 비난의 목소리를 높이며 영향을 행사한다는 사실이다. 그 비평가의 자기 평가는 자주 청중의 평가와 동일시된다. 자기 내면의 눈과 마찬가지로 대부분의 청중이 비판적인 시선으로 자신을 관찰한다고 느낀다. 계속해서 타인의 눈으로 자신을 보기 때문에 자기 자신의 시선과 자발성을 잃고 만다. 심리학 용어로 이런 과정을 '투사投射'라고 부른다.

"내가 충분히 잘 하지 못한다는 걸 금방 알게 되겠지."

이런 말은 사람들이 스스로에 대한 낮은 평가를 청중의 시선으로 투사하는 전형적인 예이다. 그리고 그 말은 '나를 모자란 사람으로 낙인찍는 자기비하 충동이 두렵다'는 뜻으로 해석될 수 있다.

투사의 습관에서 벗어나는 유일한 방법은 자기 자신을 다시 자기 것으로 만드는 일이다. 다시 말해 남이 아닌 자신의 눈으로 상황을 바라보는 태도가 필요하다. 같은 맥락에서 '평가자가 너무 엄격하다'고 한탄하는 수험생은 그 문장을 '나는 너무 엄격하다'라고 바꿔 생각해 봐야 한다. 이 때 자신의 닫혔던 문을 열기 위한 열쇠를 받는다. 자신에 대한 낮은 평가를 다른 사람들의 시선에 귀착시키지 않고 자신이 잃어버린 인격의 지분으로 되찾기 시작한다. 두려움의 적은 더 이상 외부가 아니라 우리 안에 있다.

나를 비판하는 '다른 사람들'이 우리 자신의 자기비하적 성향이 투사된 것에 불과함을 직시하게 되면 실패에 대한 두려움의 실체가 분명히 드러난다. 또, 우리가 자기 이미지를 확장하면서 새로운 시도를 두려워하지 않는다면, 더불어 새로운 발견을 위한 열린 태도를 유지한다면 성공에 대한 두려움까지 극복할 수 있다. 좌우명으로 삼기에 좋은 한 마디가 있다.

"멈추기를 시작하지 마라, 그리고 시작하기를 멈추지 마라!"

수치심

수치심은 무대공포증에 대한 문헌에서 거의 조명되지 않았다. 이유는 아마 수치심이 지닌 복합성에 있을 것이다. 다시 말해, 수치심은 많은 단면을 가지고 있다. 소심한 태도, 열등감, 억제 혹은 어색함이 그것이다. 무대공포증을 겪을 때 우리는 두려움이라고 느낄 수 있는 수치심의 변종을 만나게 된다. 다시 말해 '수치심 공포'다. 이는 혹시 벌어질 수 있는 수치스러운 상황에 대한 공포다. 무대에서 실수하거나 혹은 능력에 비해 너무 많은 것을 벌어지는 수치스런 상황과 연관돼 있다. 우리가 자기 모습을 대중에 드러낼 때 흔히 여러 가지 생각들을 하게 된다.

'사람들 앞에서 내 모습은 어떻게 보일까?'
'내 명성은 어떻게 될까?'
'난 어떻게 평가받게 될까?'

이런 생각들이 바로 '수치심 공포'를 부르는 핵심적인 문제다. 자기

확신이 강하면 강할수록 다른 사람들의 평가에 덜 의존한다. 이와 반대로 자기 가치에 의심을 품게 되면 타인의 가치 평가가 무엇보다 중요한 의미가 된다. 작은 냉담함의 신호라든지 의도하지 않은 거절의 느낌조차도 실패의 증거로 받아들이는 것이다. 즉, 청중들 사이에서 들리는 작은 웅성거림, 퉁명스럽고 거친 눈길, 발표 중간에 공간을 떠나는 사람 등 아무 것도 아닐 수 있는 일들을 자신에 대한 가치와 관련짓는다.

"저를 가장 힘들게 하는 것은 바로 침묵입니다. 잘했다고 말해주는 사람이 아무도 없을 때요. 그럴 때면 저는 갑자기 저 자신을 의심하게 되고 움츠러들게 됩니다."

내가 들은 한 강연자의 고백은 자신감과 자긍심의 부족이 수치심의 원인이 될 수 있다는 명백한 증거다. 수치심은 다른 사람이 우리를 어떻게 평가하는지 뿐만 아니라 자기 평가에도 크게 좌우된다.

무대에 나설 때 우리는 자신의 일부를 꺼내놓는다. 글이나 그림 등의 작품을 공개할 때도 마찬가지다. 우리 자신을 표현할 때 완전히 거기에서 벗어나거나 자기 모습을 숨길 수는 없다. 흥미로운 것은 독일어에서 '수치심'Scham이라는 단어의 어원이 '덮다', '베일을 씌우다', '감추다'란 점이다. 결국 어원적으로도 수치심은 자신을 숨기고 싶다는 소망과 밀접하다.

무대에 오르면 스스로를 창피하게 여기는 인격의 일부를 노출시킬 위험이 있다. 대개 우리가 지닌 상처입기 쉽고 예민한 면이 문제다. 우리는 그 부분이 노출되는 것을 두려워한다. 우리의 '취약한 부분'을 들 취내는 것은 작은 실수일 수도, 큰 잘못일 수도 있다. 그러나 원하지 않는 노출의 공통점은 우리가 보여주고 싶은 것과 보여주는 것 사이의 불일치와 관련된다. 의도하지 않은 치욕적 상황이 공개적으로 발생할 때 수치심이 생겨난다. 이 때는 모두 우리를 응시하고 있는 것 같고, 모두가 함께 우리를 비웃고 조롱하고 무시하는 듯 보인다.

수치심은 내적 갈등의 신호다. '모두들 내 말 좀 들어봐요!' 하는 소망과 두려움의 갈등이다. 나를 보여주고 싶은 욕망을 억제할수록 두려움은 점점 더 커진다. 그 갈등의 세계를 더 자세히 바라볼 수 있다면 그 안에 동기부여의 요소가 놓여 있음을 알게 된다.

원하는 성공을 거두지 못하는 대부분의 사람들은 두 가지 마음을 함께 지닌다. 한쪽에는 당혹감과 불안감을, 다른 한쪽에는 만족과 기쁨에 대한 욕망을 품는다. 수치심은 그래서 욕망이나 성공에 대한 환희와도 연관된 감정이다.

물론 수치심은 자신의 약점을 숨기려는 마음, 그럼으로써 정체성을 지키려는 마음이나 그로 인해 생기는 감정이다. 그래서 수치심은 어디까지 우리 자신을 보여줘야 할지 알려주는 안전표지에 비유할 수 있다. 그 표지를 넘어서려고 억지를 쓰면 우리는 보호 영역 바깥으로 나간다. 그 이상으로 멀리까지 나가보려는 시도는 보통 본인의 책임 아래 이뤄진다. 이렇듯 수치심 안에는 진지하게 받아들여야 할 감정이 담겨 있다. 다른 사람들에게 보이기 전에 더욱 다듬어야 하는 면이다. 그런 의미에서 수치심은 정체성의 보호자일 뿐 아니라 우리를 발전시키는 자기 인식의 이정표이기도 하다.

내면에 귀를 기울일 줄 안다면 우리에게 언제, 어떻게, 무엇이 올바른 선택인지 알려주는 수치심의 목소리가 존재한다는 사실을 알 수 있다. 그런 면에서 수치심은 두려움처럼 우리의 동맹군이 될 수도 있다. 물론 그러기 위해 갖추어야 할 전제조건이 있다. 그들이 전하는 메시지를 받아들여 우리에게 긍정적인 방향으로 이용하려는 자세가 바로 그것이다.

짜증과 분노

짜증과 분노는 무대공포증과 어떤 관계가 있을까? 이들 감정은 사실 밀접하다. 우리 내면의 비평가들이 내세우는 비현실적인 기대들을 충족시키는 데 실패한다면 그 관계는 더욱 밀접해진다. 처음에는 짜증 나는 수준에서 나중엔 분노로 이어진다. 무대에 오르기를 간절히 바랐음에도 불구하고 막상 등장을 앞두고 염려하고 걱정한다는 것도 분노로 전이될 수 있다. 우리 내면의 심판관이 기대치를 높일수록 무기력한 불쾌감은 커진다.

"어차피 할 수 없는 일이야!"

"말도 안 되는 일인데, 뭐하러 이 고생을 하냐고!"

이런 말에 숨겨진 공격적 사고는 일종의 두려움 예방조치다. 우리가 분노하게 되면 내면의 겁쟁이가 자기 은신처에 숨어 나오지 않기 때문이다.

분노를 유발하는 또 다른 요인은 지나친 통제 심리다. 무대 발표에 있어 완전한 외부 통제 속에 완벽을 추구한다면 실망과 분노는 예정돼 있는 것과 마찬가지다. 청중 앞에 나설 때 우리는 자주 통제불능 상황에 처하게 된다. 원활치 못한 냉난방 장치, 열악한 음향 시설같은 이런저런 기술적 문제들, 냉담한 성격의 청중 등에 관해 완벽한 통제를 원한다면 실망하지 않을 수 없다. 그렇게 발생한 분노는 대개 해당 상황을 향해 폭발하지만, 상당 부분은 자기 자신을 향한다.

"더 잘 계획했어야 하는데."

"왜 이런 일이 하필 나한테 일어나느냐고!"

"더 잘 준비할 수 있었잖아!"

이렇게 자기 자신을 질책하다가, 결국에는 신랄한 자기 비난으로 이어진다. 잘못을 자신에게 돌리는 비난의 목소리는 이렇게 말한다.

"내가 하면 항상 뭔가 어긋나고 말아!"

"이 정도도 해내지 못하다니, 정말 믿을 수가 없다."

이런 부정적인 평가는 우리를 당황하게 만들고 분노를 자극해 폭발하도록 만든다. 그러한 자기 비난에 맞서 싸울 수 있는 방법은 없다. 자기 비난의 목소리는 잡초와 같아서 잘라내면 곧 더 무성하게 자라난다. 분노가 유발하는 이런 감정들에 대응하는 방법 역시 분노에 그치기 쉽다. 현명한 방법은 무엇일까? 정반대의 접근법이다. 짜증과 분노를 내적 갈등이나 위협을 경고하는 신호로 적극 받아들이는 것이다.

그 신호에 관심을 가지고 관찰하고 진지하게 받아들여야 한다. 또 자신의 한계에 대해 숙고하면서 분노가 과도하게 요구하고 간섭하는 모습으로 이어지는 것을 막아야 한다. 분노를 통해 준비된 에너지는 두려움과 무기력함의 감정을 예방한다. 이를 위해 공격적인 감정들을 우리의 관심을 요하는 문제로 바라보자. 우리 자신을 인지하기 위해 필요한 냉정한 관심을 말한다. 이런 관심은 우리의 태도를 변화시킨다. 그래서 분노에 대해 일정한 거리를 만들어낸다. 이 때 우리는 더 이상 분노의 희생자가 아니다. 분노를 멀리서 바라보는 관찰자다.

중요한 것은 우리의 분노를 적극적으로 인정하고, 그 분노가 자신을 표현하도록 허용하는 것이다. 그렇게 되면 적어도 분노가 우리를 압도하는 일은 막을 수 있다. 나아가 분노 아래에 완전히 다른 감정이 존재한다는 사실까지 알아챌 수 있다. 그것은 공감이다. 마치 가족이나 친구와 다툰 후, 어느 날 갑자기 감정의 벽이 무너지고 훨씬 더 가까워진 느낌, 바로 그것이다. 여기까지 이르면 우리는 다시 사랑 가득한 눈으로 자신을 바라볼 수 있다.

혼란감

무대공포증은 자주 혼란의 감정과 함께 나타난다. 불안하고, 말문이 막히고, 가슴이 갑갑해지는 느낌 말이다. 이때는 우리 내면에서 무슨 일이 벌어지고 있는지 알 수 없는 상황이다. 머릿속에서 벌떼가 윙윙

거리는 느낌이 들고 아무 것도 명확하게 생각할 수 없는 때가 오면 이미 혼란감이라는 불청객이 집안에 들어와 자리잡고 앉아있는 것이다. 그 혼란감이 사는 집은 우리 머리 속이다. 혼란이 찾아오면 머릿속이 뒤죽박죽 어수선하고 안개가 끼어 있는 듯 흐릿해져 도무지 무슨 생각을 하고 있는 것인지 스스로 알 수 없게 된다. 혼란감이 가진 에너지가 머리 전체로 몰려들어 방황하기 때문이다.

혼란감은 무엇인가가 불명확하면서 머리 속에 넓게 분산되는 느낌을 준다. 그것의 반대 감정은 명료함과 집중감이다. 우리는 두려움을 극복하는 것과 아주 비슷한 방식으로 심적 혼란을 이겨낼 수 있다. 그 혼란을 받아들여 그것을 우리 내면에 살아 숨쉬는 인물 내지 형상으로 변화시켜 보는 것이다. 그와 대화를 나누면서 그가 가진 단점을 버리고 장점을 수용하는 방식이다. 우리가 혼란감을 우리 내면의 형상, 색상 혹은 인격으로 가시화하게 되면 좀 더 내적 안정감을 느낄 수 있다.

그 안정감은 우리가 흔히 '의식'이라는 말로 부를 수 있는 명료한 상태를 만들어낸다는 장점이 있다. 사실 우리는 내면의 형상들로부터 평상시엔 생각하기 힘든 기발한 착상과 유용한 아이디어들을 떠올린다. 많은 이들이 혼란감을 대하면서 커다란 야생의 새, 해파리 혹은 거대한 동물 혹은 베일로 모습을 가린 여신을 형상화한다. 그 형상으로 혼란감은 우리와 대화에 나선다. 혼란감이 우리에게 원하는 것을 알아내기 위해 이름을 붙여주거나, 그 감정의 숨겨진 의미를 찾거나 혹은 대화를 시도해 볼 수 있다. 이렇게 말이다.

"또 네가 찾아왔구나. 무슨 일이지? 나한테 무슨 말을 해주고 싶으 것이니?"

일부러 혼란의 감정을 과장해 볼 수도 있다. 혼란감에 어떤 목적이 있는지 또렷하게 체험해 보기 위해서다. 우리가 혼란감에 대해 관심을 갖고 친숙해지면 전문용어로 '초점'focus이라고 부르는 일이 벌어진다. 우리의 인지 능력을 하나의 발화점을 향해 의도적으로 집중시키는 일을 말한다. 이는 혼란의 대척점에 이어지도록 하는 것이다. 여기에는 흩어지고 무질서한 사고의 원천지를 겨냥해 지각능력을 활성화시키는 작업이 수반된다. 몸 속에 박테리아가 들끓고 있을 때 그 발원지를 발견하는 상황에 비유할 수 있다. 집중을 통해 혼란의 확산을 차단하면 깔끔하고 명료하게 상황이 정리된다.

혼란감의 문제는 우리가 그것을 의도적으로 인지하면서 해소될 수 있다. 그렇게 해서 혼란에 외곽선을 그리는 것이다. 이후 감정의 조각과 파편을 모아 다양한 부분을 지닌 하나의 그림으로 만든다. 그렇게 그린 그림은 미래의 희망이 될 수도 있고, 과거의 기억이나 어떤 것에 대한 의심이 될 수도 있다. 그 그림의 가치를 따지지 말고 그냥 제 모습 그대로 존재하도록 내버려두자.

욕망

성공을 성취와 혼동하는 것은 무대공포증의 주된 원인들 가운데 하나다. 많은 이들에게 성공은 무슨 수를 써서라도 도달할 가치가 있는 특별한 목표다. 성공을 물질적인 부, 화려한 여행, 사랑받기, 명예 등으로 한정해 목 매달리는 것은 끝없는 욕망을 만들어낸다. 성공에서 성공으로 일직선의 발걸음을 내디딜 수 있다는 환상을 전해주기 때문이다. 성취와 성장을 위해 애쓰는 사람들은 태도가 다르다. 그들은 성공을 노력의 결과로 얻는 부차적인 산물로 이해한다.

성취를 향한 욕구는 성공에 대한 배고픔과는 근본적으로 구별된다. 성취는 성공에 초연하다. 성공도 언제나 성취와 결합되는 게 아니다. 성취에 대한 욕구를 소홀히 할 때 성공에 대한 배고픔은 힘을 얻게 된다.

물론 우리는 누구나 일정 수준 타인의 시선에 의존해 살아간다. 우리가 무엇인가 이루는 것은 타인의 관심을 받고, 타인과 연결돼 살아간 덕분이다. 또 그것은 타인이 인정하지 않으면 불가능하다. 우리의 자긍심이 만들어지고 커지는 과정에서 인정을 받는 느낌은 무엇보다 중요하다. 다만 문제는 여기서 '타인'이 의미하는 대상이 누구인지 하는 것이다. 혹시 모든 사람들을 뜻하는가.

안타깝게도 모든 사람들의 마음에 들고, 모두의 인정을 받고, 모두가 좋아하는 사람이 되고 싶다는 바람은 우리를 막다른 골목으로 몰고 간다.

일상에서 우리는 우리에게 누가 중요한지, 누구 마음에 들고 싶어 하는 건지, 누구에게 가까이 다가가고 싶은 건지 쉽게 판단할 수 있다. 그것은 아주 유용하고도 중요한 일이다. 그런데 무대에서는 이런 판단

능력이 단박에 사라진다. 모두에게 깊은 인상을 심어주고, 모두를 감동시켜야 한다는 의무감에만 사로잡힌다. 이런 소망은 우리의 능력을 제한하고 한정한다. 모든 사람에게 훌륭하게 다가가고 싶은 사람은 많은 사람에게 훌륭하게 다가갈 수 있는 기회를 잃고 만다. 무척이나 역설적인 상황이다.

"내가 충분히 잘 하고 있는가?"

스스로에게 묻는 이 질문은 불안감을 일으키는 확실한 방아쇠다. 불안감 뒤에는 두려움이 도사리고 있다. 공격적으로 청중을 압도하려고 하지 말고, 적당한 선을 지켜야 한다.

인기를 위해, 혹은 기대에 부응할 목적으로 무대에 오르면 만족이나 성취와는 다른 무언가를 추구하게 된다. 진짜 수행해야 할 목표나 과제를 부차적인 산물로 혼동하고 마는 것이다. 중요한 과제 바깥에 놓인 것을 열망하고 추구하는 행태와, 지식이나 능력을 다른 사람들과 나누고 소통하는 일 사이에는 굉장한 차이가 있다.

필요 없는 욕망을 가라앉히기 위해선 능력을 '증명하기' 대신에 '성장시키기'를 열망해야 한다. 이 때 '내가 바라는 것'과 '내 인생에 필요한 것'을 구별하는 게 중요하다. 욕망은 종종 성장을 거부하는 힘에 따른다. 조용하고 작은 방 안에 홀로 있을 때 가장 편안한 사람에게 '내가 바라는 것'은 '혼자 있는 것'이라고 볼 수 있다. 그러나 그가 성장하기 위해 필요한 것은 사람들 가운데에서 자신감을 연습하는 일이다. 즉, '내 인생에 필요한 것'은 배움의 길인 것이다. 우리가 그 지침을 따르게 되면 우리에게는 앞으로 나아가는 것, 나날이 발전하는 일이 더욱 중요해진다. 두려움 앞에 굴복하지 않고, 체험 속에 교훈을 얻는 이는 누구나 자신감이 어떻게 성장할 수 있는지 습관으로 알고 있다.

'내 인생에 필요한 것'이라는 지침에 따르면 성공에 대한 배고픔은 줄어든다. 대신 더욱 내면의 목소리에 귀를 기울이게 되고, 성취감을 추구하는 게 환호의 박수소리보다 더 중요하다는 사실을 알게 된다. 자신의 감정에 더 많은 의미를 부여하게 되는 것이다.

'꼭 타인의 마음에 들어야 할 필요가 없다'는 생각은 자신의 에너지를 자유롭게 만든다. 더 이상 모든 사람의 기대에 부응하지 않아도 돼 자기 자신의 생각에 더욱 집중할 수 있다.

성취를 지향하는 자세가 가진 좋은 점은 우리가 어떤 일에 성취감을 느끼고 소통의 노력을 다할 때 청중도 그것을 느낀다는 점이다. 내면적으로 경험하게 되는 성취의 정도는 자기 스스로와 얼마나 잘 소통하느냐에 달려있음을 명심해야 한다.

내 안의 동맹군

두 뇌 안에 벤치 두 개가 놓여 있다고 상상해보라. 한편에는 엄격한 심판관들이 앉아 있고, 다른 한편에는 우리의 동맹군이 든든하게 버티고 있다. 이제부터 바로 그 동맹군 또는 우리를 열심히 도와주는 동행자들에 대해 자세히 알아보기로 하자. 동맹군은 과거의 긍정적인 경험, 우리에게 위로와 용기를 주고 우리를 강하게 만들어주었던 장면들에 뿌리를 두고 있다. 사람들 사이에서 부딪히고 나누면서 살아가는 가운데 어두운 면만 아니라 밝은 면도 마찬가지로 내면화하게 마련이다. 우리 내면의 유용한 자원들은 쉽게 잊혀진다. 우리에게 힘을 주고 버팀목이 되어주는 품성들을 너무 당연하게 여겨서 어떻게 우리 스스로를 위해 활용할 수 있는지 배우려 하지 않기 때문이다.

무대공포증에 대처하는 과정에서 동맹군의 목소리는 결정적 역할을 한다. 그 중에서 세 개의 목소리가 가장 두드러진다. '스승', '확신', '호기심'이 그것이다.

스승

이 내면의 목소리는 부드럽고 온화하다. 그는 우리의 친구이자 스승이다. 우리의 강점과 약점을 알고 있어서 우리가 발전하도록 도와주고 후원한다. 내면의 비평가와는 정반대로 그는 우리의 가치를 인정하고 지원해준다. 무엇보다 우리가 결정을 내리기 위해 충고와 도움이 필요할 때 어느새 우리 곁에 찾아와준다. 완벽주의자와 달리 그는 가능한 것, 다시 말해 현실적으로 성취 가능한 목표를 제시한다. 그는 목표를 향해 내딛는 한 걸음 한 걸음이 이미 그 자체로 성공이라는 것을 알고 있다. 그의 지식은 우리가 삶의 도정에서 모았던 경험과 솔직한 자기 평가에 바탕을 두고 있다. 다시 말해서, 우리의 가능성과 한계를 충분히 이해하고 제시하는 제안이자 충고인 것이다. 그 이해의 바탕 위에 우리는 우리 자신을 갈고 닦아 새로운 길을 모색하고 한 단계 발전해 한 걸음 나아갈 수 있다. 내면의 스승이 건네는 충고는 친절한 호의와 긍정적인 가치 평가를 담고 있다. 이를 통해 우리가 지닌 내면적 자산을 일깨워낸다. 그는 이렇게 묻는다.

"지금과 비슷한 상황에 있을 때 과거에 네게 도움이 됐던 건 무엇인가?"

"지금, 네가 이용할 수 있는 것은 무엇인가?"

용기를 북돋워주고, 처한 상황을 공감해주고, 꼼꼼하게 챙겨주는 것은 스승이 자주 쓰는 전략이다.

그가 무대공포증에 대처하는 방법은 세 가지다.

현재의 시간과 위치에 집중하기, 정신적 긴장의 완화, 그리고 신체의 지혜에 따르기가 그것이다. 이런 자세는 두려움을 내세워 자기 가치를 위협하는 완벽주의자의 태도와 정반대라고 볼 수 있다.

내면의 스승은 우리가 발전으로 이끄는 목표를 향해 나아갈 때 소중한 동반자가 돼준다.

무대 위에서도 마찬가지다. 우리가 해낼 수 있는 수준과 범위를 잊지 않도록 계속 일깨워준다. 도달하기 원하는 목표나 자신의 능력을 어떻게 빚어내 보여주고 싶은지를 아는 것은 무대 위에서 무엇보다 중요하다. 수동적으로 어쩔 수 없이 희생하는 태도가 아니라, 의도한 바를 적극적으로 표현하고 빚어내려는 자세가 이 때 필요하다.

내면의 스승은 두 가지 종류의 문제를 집중적으로 관리한다. 첫 번째는 특정한 해결책으로 이어지는 길이나 방법에 대한 무지함이다. 두 번째는 문제 해결을 가로 막는 우리 자신의 장벽들이다. '어떻게 이 지긋지긋한 무대공포증을 없앨 수 있을까?'라고 묻는 대신에 내면에서 스승의 도움을 받아 구체적인 상황 파악에 이를 수 있다. 이로써 자신감 있게 청중 앞에 서지 못하게 막는 저항요소가 어떤 것인지 발견하게 된다. 그 저항요소들을 인지하면 이를 변화시킬 수 있다. 게슈탈트 심리치료 프로이트 이래 가장 혁신적인 치료로 인정받고 있는 정신의학적 치료방법. 사람은 사고, 감정, 행동의 전체성과 통합을 위해서 노력한다는 것을 전제로 통합적인 치료를 시도함. 통합예술심리치료의 바탕이 됐다를 개발하고 발전시킨 프리츠 페를스 Fritz Pearls 는 내면적 저항감의 문제를 근육의 긴장에 비유했다. 어떻게 근육을 긴장시키는지를 알 때 비로소 긴장을 푸는 법을 배울 수 있다는 설명이다. 우리 내면의 스승은 무대공포증에 맞서 싸우라고 말하는 대신, 우리가 우리 자신을 막아 세우기 위해 무엇을 하는지 인식하도록 도와준다. 그리고 그 시도를 통해 상황도 변하게 된다. 우리가 더 이상 외적인 힘의 희생자가 아니라는 것을 깨닫기 때문이다.

확신

"아버지가 물려주는 것을 온전히 소유하기 위해서는 스스로 노력해 가져야 한다."

괴테의 이 문장은 우리 내면의 확신과 관련해 중요한 의미를 갖고 있다. 신뢰와 확신을 제대로 활용하기 위해서는 먼저 노력을 해 그것을 쌓아야 한다는 것이다. 무대공포증은 무대 발표를 멋지게 해낼 수 있을 것이라는 믿음과 자기 능력에 대한 확신의 수준에 크게 좌우된다. 무대를 열심히 훌륭하게 준비해야 하는 것도 그 이유에서다. 단단한 기둥을 세우기 위해서 우리는 철저하게 준비할 필요가 있다. 닭대한 자신감은 오직 '연습'에서 나온다. 강연을 몇 번 읽어보는 것으로는 충분치 않다. 가까운 사람들 앞에서 실제로 소리 내 발표해보자. 여의치 않다면 가상으로 시뮬레이션 해보는 것도 도움이 된다. 실제 무대에서 맞닥뜨릴 아드레날린의 공격은 연습할 때도 일부 경험할 수 있다. 이는 중요한 자산이다. 아드레날린 공격이 미치는 충격을 미리 알고 그것에 맞서는 법도 배우게 된다. 시간이 지나면서 호르몬의 충격을 오히려 즐길 수 있을 만큼 자신감을 얻기도 한다.

이렇게 형성된 든든한 기둥에 대한 확신이 쌓이면 역설적인 상황이 벌어진다. 더 이상 자기확신에 대해 깊이 생각할 필요가 없어지는 단계다. 자기확신은 우리 자신에 대한 믿음으로 가는 길을 열어놓는다. 그런 의미에서 확신감은 우리 내면에 숨어서 불확실성과 혼란으로 사사건건 방해를 일삼는 의심꾼의 대척점에 서 있는 존재다.

자신에 대한 믿음은 상당 부분 우리가 할 수 있는 것과 우리가 할 수 없는 것들을 일방적으로 결정한다. 미국 속담에 이런 말이 있다.

"네가 할 수 있다고 믿든지, 네가 할 수 없다고 믿든지, 네 믿음은 결국 항상 옳다."

스스로의 능력과 꿈에 대한 믿음은 우리 안에 끓어 넘치는 건강한 힘의 원천을 발견하도록 도와준다. 그 믿음은 목표를 알려주는 나침반일 뿐 아니라 목표에 도달하는 데 필요한 확신을 주기도 하는 것이다.

자신에 대한 믿음은 우리가 하고자 하는 일에 추진력을 줄 뿐만 아니라 여러 위협으로부터 우리를 지켜줄 수 있다. 이 때 나오는 자신감은 과거에 겪었던 긍정적인 경험의 총합이기도 하다. 나는 종종 심리 상담 의뢰인들에게 이렇게 묻는다.

"당신의 어떤 점을 신뢰할 수 있습니까?"

대부분은 대답할 거리가 얼마나 많은지 스스로 알고는 깜짝 놀란다. 딛고 설 수 있는 내면의 자원이 우리 안에 넘쳐난다는 걸 분명하게 깨닫게 되면 침착하고 명료하게 스스로에 대한 신뢰감을 확보할 수 있다. 우리를 뒷받침해주는 힘에 대해 믿음이 있기 때문이다. 그 믿음은 우리 에너지를 일정한 방향으로 이끌기에 마치 나침반의 바늘처럼 작용한다. 창공에 반짝이는 붙박이별처럼 나아갈 방향을 일러주는 우리 자신의 능력을 믿게 되면 목표에 더욱 쉽게 도달할 수 있다.

호기심

호기심은 우리 내면에 있는 창조적인 목소리다. 호기심의 목소리에 귀를 기울이는 것 역시 자신감을 얻는 일이다. 그 목소리는 우리 내면의 겁쟁이와 정반대편에 마주 서 있다. 물론 겁쟁이도 우리의 성장에 관심을 가지고 있기는 하다. 다만 성장을 위한 방책이 다를 뿐이다. 호기심은 새로움을 추구하고 그것을 우리가 시도하도록 용기를 준다. 발견의 기쁨으로 가득 차 있으면서도 꾸준히 새로운 해결책을 찾으려고 사방을 두리번거리는 모습을 띤다. 호기심은 진지한 주제에 대해 유머러스하게 말하도록 허락해 무거운 분위기의 강연에서도 가볍고 일상적인 일들의 의미를 되새겨볼 수 있도록 도와준다.

호기심의 도움으로 우리는 내면의 어린아이와 만날 수 있다. 어린 시절 새로운 것을 만나 받아들이려고 한 때를 떠올려보자. 당시 우리는 우리의 몸에 대해 배우고, 표현 가능성을 실험하고, 대상을 탐구하는 일에 흠뻑 빠졌었다. 그로 인한 기쁨은 여전히 우리 안에 잠재돼 언제든 생생하게 되살아날 수 있다.

무대 발표는 잠재된 호기심의 목소리에서 힘을 얻는다. 그것이 우리의 환상에 날개를 달아주고 영혼을 깨어나게 만들기 때문이다. 호기심의 도움으로 얻은 발견들이 반드시 거창할 필요는 없다. 재기 넘치는 강연의 도입부, 독창적인 의상 혹은 의도적인 제스처만으로 보다 커다란 관심을 얻고 더 많은 빛을 발하기에 충분하다. 본인이 보수적이어서 변화를 거부한다고 해도 마찬가지다. 그 징조를 깨닫고 계속 전진해 나아가고픈 에너지가 바로 호기심이다.

그 에너지를 활용하기 위해선 무대 발표를 즐겁게 바라보고 배움의 기회로 이해하는 게 중요하다. 호기심은 삶의 반경을 확대한다. 두려움이 용기로 바뀔 수 있는 가능성과 마주하게 만든다. 우리 뱃속에 벌레가 기어 다니는 듯 불쾌하고, 손에 식은땀이 흥건하다고 해도 호기심은 우리에게 앞으로 나아가도록 격려한다. 궁극적으로 호기심의 핵심적인 역할은 우리 내면의 강점을 발견하는 일이다.

Chapter 2 무대공포의 정체를 밝혀라

chapter

3

위기 탈출을 위한 통로

우리 목표는 '더 이상 두려움이 없는 상태'가
아니라, 두려움을 의도적으로 체험하고 그것이 정당한
것인지를 따져보고 적절하게 대응하는 것이다.
그러기 위해서는 작은 걸음 하나가
거창한 결심보다 백번 낫다.

공포와
맞서다

무대공포를 극복하는 결정적인 전환점은 바로 '지금 그리고 여기'다. 지금 그리고 여기에 있다는 것은 존재를 의미하고, 지금의 상태를 인지하는 것이고, 현존재로서 활동한다는 뜻이다. 예를 들자면, 절벽을 오르는 등산가나 높은 파도를 타는 서퍼는 지금 그 일을 하는 현재의 순간에 존재하고 그 순간 속에서 이름에 걸맞게 활동하지 않으면 목숨을 잃을 수도 있다.

자동차를 운전하다가 차가 미끄러지는 순간을 상상해보라. 그 순간에 우리는 완전히 현재 상황에 전념한다. 현재의 정신으로 반응함으로써 자동차를 다시 통제 가능한 상태로 만든다. 두려움을 제대로 느끼진 못할 것이다. 하고 있는 일에 완전히 몰두하고 있기 때문이다. 두려움을 느낄 시간조차 없는 것이다. 두려움은 나중에 무슨 일이 벌어졌는지, 또 무슨 일이 벌어질 수 있었는지를 곰곰이 생각해 볼 때야 찾아올 것이다. 무대 위 상황도 이와 비슷하다. 우리가 현재 무대에 제대로 집중한다면 두려움은 제대로 힘을 발휘하지 못한다. 반대로 그렇게 하지 못하면 목숨을 앗아가진 않는다고 해도 두려움이 전면에 나선다.

무대는 현재에 존재해야 한다. 때문에 무대공포증에 대처하는 가장 중요한 수단은 절대적으로 현재에 있다. 마음속에서 벌어지는 대화와 논평들을 중단하거나 지워버리고, 오로지 현재 하고 있는 일에만 집중하는 것은 이런 절대적 현재의 일종이다. 물론 절대적 현재를 실천하는 것은 생각보다 어려운 일이다. 과거의 사고 모델이 자꾸만 말을 걸어오기 때문이다.

현재 감각의 지각은 진정한 무대 현실로 들어가는 열쇠다. 단어 자체에 '무언가에 주의를 기울여 인식하고 깨닫는다'는 의미가 담겨 있다. 대상을 지키고 보호하면서 존중한다는 뜻이다. 감각을 깨워 지각하면 우리는 대상을 왜곡해 분석하지 않는다.

실험을 해보자.

먼저 당신이 마시고 뱉는 호흡 자체에 집중하라. 어느 정도 집중이 됐을 때 눈의 움직임, 앉아 있는 자세, 기분을 천천히 느껴보라. 그 상태에서 계속 글을 읽어보자.

다른 일에 지각 능력을 쏟고 있음에도 당신은 읽고 있는 글자의 모양을 똑똑하게 인지할 수 있다. 동시에 읽고 있는 글의 의미도 함께 이해하는 게 가능하다.

이 작은 실험에는 무슨 의미가 있을까? 아마 당신은 평상시에 당신의 주의력이나 지각능력을 필요 이상으로 제한해왔음을 알게 됐을 것이다. 무대에 설 때 당신에게 이런 일상적인 재능이 허락됐음을 명심하라. 성공적인 무대의 비밀 중 하나가 바로 여기에 있다.

두 번째 또 다른 계명을 내세우고 싶다. 도망치거나 피하지 말라는 것이다. 매사에 용기를 발휘하라는 뜻이다. 무대공포증의 대척점은 무관심이나 냉담함이 아니다. 바로 용기다. 용기는 비겁함의 반대이다. 우리가 비겁하면 두려움 앞에서 도망치게 되지만, 용감하다면 두려움에 당당하게 맞서게 된다. 위험을 초래할 수도 있는 무언가에 과감하게 도전하는 것이다. '혼신의 힘을 다한다'는 말의 의미를 생각해보자. 그 말은 자기 자신을 극복하고 두려움 앞에 당차게 나서서 맞선다는 뜻이다. 그 결과에 대해 비웃음을 살 수도, 실패할 수도 있다.

무대공포증은 그 위험성에도 불구하고 당당하게 맞설 용기를 증명할 기회다. 용기는 마치 근육처럼 단련할 수 있는 것이다. 두려움에 굴복하지 말고 원하는 방향으로 굳건히 걸음을 내딛어야 한다. 이 능력을 기르는데 있어 일상에서도 연습이 가능하다. 사람들에게 자기 견해를 말하고, 함께 토론하며 식사하는 자리를 만드는 일은 자기 단련의 좋은 기회가 된다. 지금 당장 적극적인 태도로 삶을 꾸려가란 얘기다. 당장 실현 가능한 것은 지금 해야 한다. 우리가 더욱 용감하게 일상을 대한다면, 무대공포증을 피하기 위해 들이는 시간과 에너지를 그만큼 줄이게 될 것이다.

용기를 내 두려움을 극복하는데 있어 괴테는 아주 멋진 예를 보여준다. 그는 고소공포증을 스스로 치료하기 위해서 슈트라스부르크의 성당 첨탑을 매일 올라갔다. 그러던 어느 날 그의 공포가 순전히 '스스로 지어낸 허상'이라는 것을 깨닫게 되면서 마침내 고소공포증을 극복할 수 있었다.

여기서 알 수 있듯이 무대공포증의 경우에도 먼저 조금씩 두려움과 만나 대화하려는 노력이 필요하다. 무대공포증에 맞서려면 먼저 그것이 어떤 의도를 가지고 있는지 알아내야 하는 것이다. 여러방법이 있지만 대표적으로 신경언어학적 프로그래밍 NLP, Neuro Linguistic programming 이론을 참고해볼 수 있다. 그렇게 해서 용기라는 감정을 불러내려는 시도다.

마음속에서 무대공포증과의 대화를 시작해보자.
우선은 묻는다.
"무대공포증, 나한테 무슨 말을 하고 싶은 거야?"
대개는 예감이나 스치는 생각 등의 형태로 대답이 전해진다. 예를 들면 이런 식이다.
"내 실력이 충분히 좋지 않다는 것을 사람들이 알게 될 거야."
"불안해, 확신을 가질 수 없어."

그렇다면 당신 내면의 동맹군들, 즉 스승, 확신, 호기심에게 시선을 옮겨보자. 그들에게 당신의 무대를 위해 도움이 될 만한 행동을 생각해내도록 부탁해보자. 대답엔 이런 것이 있을 수 있다.

"차분하게 규칙적으로 숨을 쉰다."

"내면의 중심을 느낀다."

여기에 더해 무대공포증에 맞설 뛰어난 선수 한 명을 초대해보자. 두려움에 맞서 내적 균형을 만들어줄 가치이자 감정이 바로 그다. 어떤 가치가 유익하고 건전한 균형을 그려낼 수 있을까? 예를 들자면, '위험을 즐기는 용기'는 어떨까? 용기를 인물로 형상화해 내면의 무대에 오르게 해보자. 공포와 용기가 하나의 팀을 이룰 수 있도록 말이다. 용기가 당신 곁에 당당히 서서 버팀목이 됐던 과거 상황을 떠올려봐도 좋을 것이다. 당시에 그는 당신을 어떻게 도왔던가? 언제 그가 특별히 강력한 힘을 발휘했는가? 어떤 도움을 받았는가?

용기로 상징되는 어떤 인물을 자신의 현재로 끌어들이는 것도 용기를 불러내는 또 다른 방법이 될 수 있다. 특별히 용기 있게 살아가는 인물을 알고 있는가? 그런 사람을 머리 속에 불러내보자. 내면의 눈 앞에 그의 모습을 그려낼 수도 있고, 내면의 귀로 그의 목소리를 들을 수도 있다. 그 인물 속으로 깊이 빠져들어가 점차 당신이 그 인물이라고 상상하는 사이에 당신에게 절실하게 필요하고 당신이 간절히 바라는 힘이 전해져 온다.

어떤 방법이든 중요한 점은 무대공포증을 우리의 일부로 인식해야 한다는 것이다. 이런 일체감을 의도적으로 잠깐이라도 느낄 수 있으면 자아의 통합을 이루기 위한 중요한 문이 열린다. 그것은 감정의 원천을 향해 가는 의식 여행이다. 마음속 형상들을 억지로 짜내서는 안 된다. 우선은 기다리고 받아들이는 게 중요하다. 우리의 상상은 우리가 무엇에 맞서고 무엇을 받아들여야 할 지 이성보다 더욱 잘 알고 있다. 때문에 상상 속 감정의 대화는 내면의 현실과 외적 현실 사이의 다리가 된다.

무대공포증이 지배할 수 있는 건 우리 전체가 아니라 우리의 일부에 불과하다는 점을 명심해야 한다. 여기에 분명한 경계를 설정할 필요가 있다.

확신을 갖기 위한
실천 가이드

무대공포증에 대한 올바른 대처는 무대가 아니라 일상에서 먼저 시작돼야 한다. 무대공포증의 뿌리에 접근하려면 우선 근본적인 행동방식의 수정이 필요하다. 절대 잊지 말아야 할 것은 무대공포증 문제의 해결에 대단한 효력을 지닌 치료약은 존재하지 않는다는 점이다. 자기 이미지를 분석하고 자기 성찰능력을 개선하는 게 우리가 얻으려는 궁극적인 해결책이다.

무대공포증에 대한 대응방안은 응급 처방 이상의 효과를 가져야 할 것이다. 평소 자신의 이미지를 분석하고 관리하는 것은 확신을 가지고 무대에 오르기 위한 중요한 조건이다. 뿐만 아니라 다른 일상적 삶의 영역에 긍정적인 영향을 미칠 수 있는 총체적인 자기 교육이다. 이를 통해 인지 능력과 집중력은 심화된다.

나아가 과제 활동에 몰두해 완전한 행복을 느끼는 순간, 소위 '플로우'의 상태에 도달해 볼 수도 있다. 우리 목표는 '더 이상 두려움이 없는 상태'가 아니다. 두려움이 과연 정당한 것인지를 따져보고 적절하게 대응하는 것이다. 그러기 위해서는 작은 걸음 하나가 거창한 결심보다 백번 낫다.

그러므로 필자는 당신 내면의 강점들과 서서히 친숙해지도록 만들 것이다. 무대에 올라야 할 때도 더 이상 억지로 내보여진다는 느낌이 들지 않도록 장기적인 준비를 염두에 두고 진행할 계획이다.

가이드라인은 크게 세 단계로 구성된다.

먼저 '과거의 모델에서 벗어나기'를 지나고, 다음엔 '두려움과 만나기'를 거쳐 마지막으로 '자기 자신을 발견하기'에 이른다. 이 가이드라인은 개인적인 발전을 위한 정신적 토대를 이룬다. 그리고 그 토대는 이 단계들을 밟아 나가겠다는 마음의 결정에서 나타나기 시작된다.

무대공포증에 새로이 대처해보리라 마음먹는다 하더라도 그것을 쉽게 날려 보낼 수는 없다.

그렇지만 제시하는 조언을 따라 제대로 연습한다면 무대공포증이 꼭 공포가 아닐 수도 있다는 사실을 파악하게 된다. 당신이 무대공포증을 이기고자 하는 한 무대공포증은 받아들여야 하는 대상이자 우리의 '동반자'다.

구체적으로 살펴본다.

과거의 틀에서 벗어나기

원하는 변화에 대해 분명하게 기술하라. 개인적으로 어떤 태도나 특색을 교정하고 싶은가? 한 단계 전진하고 싶다는 바람을 당신 스스로 자각하고 있는가?

 두려움과 만나기

무대공포증과 만난다는 것은 거울을 보는 것과 같다. 우리 자신의 어두운 측면과 마주하는 것이다. 두려움을 있는 그대로 받아들이면서 이제까지 우리에게 두려움을 안겨준 상황들에 의도적으로 접근하려는 자세를 갖추면 새로운 경험으로 들어가는 문이 열린다. 여기서 중요한 사항은 작은 것부터 하나씩 해나가야 한다는 것이다. 예를 들면 일단 두려움을 떠올리며 숨을 천천히 여유있게 쉬어보자. 한 가지 변화는 그 이상의 긍정적인 변화들을 차례로 불러온다.

 자기 자신을 발견하기

현재의 두려움은 남이 아닌 당신의 두려움이다. 피하려고 해본들 당신 자신으로부터 피할 방법은 없다. 두려움과 마주 설 수 있을 때 당신은 비로소 자신만의 단단한 바탕을 찾아내고, 그 바탕 위에서 성장하고 성숙해 갈 수 있다. 스스로 선택한 달성 목표는 분명하게 정의돼야만 하다. 나는 어떤 특성을 발전시키고 장려해나갈 것인가? 언제, 어떻게 그리고 어디에서 그 특성을 연습할 수 있을까? 여기에 자신있게 대답할 수 있다면 자신의 두려움을 똑바로 쳐다볼 수 있게 된다.

신체 훈련법

신체 훈련을 시작한다고 해서 심적, 정신적 차원을 도외시하거나 경시하지 말아야 한다. 이 접근법은 신체와 정신 간에 경계를 긋는 일이 아니다. 오히려 상호 작용의 기초를 다지는 작업이다. 활력적인 신체는 사고와 말은 물론 감정과 행동의 기초다. 육체, 마음 그리고 정신은 서로 단단히 결합돼 절대 분리할 수 없는 대상이기도 하다.

빅토르 폰 바이체커 Viktor von Weizäcker, 독일의 생리의학자는 상관관계를 이렇게 표현했다.

"육체적인 모든 것에는 정신이 있고, 정신적인 모든 것에는 육체가 있다."

앞으로 그 철학에 입각한 기본적인 연습 몇 가지를 차차 소개하려고 한다. 자신의 욕구와 행동 영역에 뿐만 아니라 자율적인 내적 움직임이나 감성에까지 영향을 미칠 수 있는 훈련법이다. 기초적인 연습 프로그램을 일정한 시간동안 매일 꾸준히 실천해나가는 데 성공한다면 우리는 두려움을 새롭게 평가할 수 있다. 또, 보다 안정되고 확고해진 마음을 실감하게 된다. 마침내 다음 무대를 위한 정신적, 신체적 무장을 단단히 갖추는 것이다.

여기 소개된 연습들은 'A를 하면 단기간에 B가 된다'는 단순한 처방이 아니다. 단기적 효과보다는 행동과 표현능력, 또한 창조적인 자기표현을 근본적인 강화시키기 위한 연습을 추구한다. 우리 각자의 특성에 따라 몇 가지 연습은 다른 것들보다 실행에 옮기기 어려울 수 있다. 이제까지의 사고 형태와 습관을 변화시켜야 하기 때문이다. 그렇다고 포기할 필요는 없다. 이 연습도 여타의 모든 연습들과 마찬가지 원칙이 적용된다.

가장 중요한 것은 연습을 당장 시작하는 것이다!
어떤 방법이 너무 어렵다고 생각되면 더 쉬운 연습으로 건너뛰어도 좋다.
중요한 것은 성공의 체험이다. 작은 성공은 연습을 계속 이어나갈 수 있는 힘과 용기를 주고 적당한 시기에 더 어려운 연습을 시도하도록 이끈다.

호흡으로 내적 지각 깨우기

무대 발표를 위한 장기적인 준비는 신체와 정신 사이의 문턱에서 시작된다. 바로 호흡이다. 호흡에 집중해 숨결을 느껴보자.

잊지 말아야 할 중요한 사항이 있다. 숨을 내뿜을 때 특히 집중하라는 것이다. 즉, 들숨보다는 날숨에 집중해보자.

호흡을 느끼는 건 현재 순간을 진지하게 체험한다는 뜻이다. 호흡은 우리의 의식을 신체에 단단히 묶어 놓는다. 그래서 호흡을 제대로 관찰하는 게 중요하다.

하루 정도 최대한 의식을 하며 호흡에 집중해보자. 가장 좋은 것은 등을 바닥에 대고 누운 자세로 하는 것이다. 공기가 콧구멍을 통해 들어오고 나가는 것을 느껴라. 가슴이 부풀었다 줄어들었다 하는 움직임을 느껴야 한다. 그 다음엔 손을 배 위에 얹고 배가 올라갔다 가라앉는 것을 느껴보자. 그 느낌을 유지하는 게 중요하다. 공기가 숨구멍을 따라 어떻게 오르내리는지 느껴야 한다. 어떻게 가슴이 넓어지고 배가 움직이는지 인지해야 한다. 이 때 그 느낌을 그저 받아들일 뿐 억지로 통제하려고 하지 마라. 느낌을 인지하는 것만으로 긴장은 완화되고 주의력이 상승한다. 주의력은 무대에 오르는 누구에게나 가장 중요한 요소다.

'가슴 깊이 심호흡을 하는 것'은 우리가 우선 간단하게 이용할 수 있는 두려움 해소 수단이다. 우리의 심적인 상태는 호흡을 통해 직접 표현된다. 규칙적이고 느린 호흡은 긴장을 느슨하게 풀어주는 효과가 있다. 거꾸로 빠르고 불규칙한 호흡은 우리를 긴장으로 이끈다. 때문에 '잘못된' 호흡은 무대공포증을 심화시킨다. 호흡이 너무 얕으면 혈액 속의 이산화탄소와 산소의 화학적 비율에 장애를 일으켜 산소 부족 현상이 발생한다. 그 결과 흥분과 긴장이 유발되고 무릎이 떨리기 시작한다.

호흡이 너무 격하고 급하면과호흡증후군의 경우 불쾌감이 일어나고, 심할 땐 구토와 공황사태로 발전하기도 한다. 불규칙하고 불완전한 호흡은 흔히 하는 말처럼 두려움과 깊은 관련이 있다. '무서워서 숨이 턱턱 막힌다'는 말은 그 상태를 설명한다. 우리는 숨을 쉬기가 편치 않은 상태를 미처 감지하지 못하고 그냥 넘겨버린다. 두려움은 그런 문제를 의식하는 감각까지 마비시키기 때문이다. 그 상황은 다시 호흡에 장애를 일으킨다. 악순환이 지속되면서 점점 안좋은 상태로 진행하는 것이다.

호흡 자체는 연습할 수 없다. 그래도 우리는 살아 있는 한 어떻게든 숨을 쉰다. 잠에 들었을 때도 마찬가지다. 우리가 연습해야 하는 것은 호흡에 집중해 감각을 깨우는 것이다. 또한 감각으로 호흡을 인지하는 것이다. 그렇게 연습을 이어가면 의도적으로 호흡을 조절하는 상태에 이를 수 있다. 이때는 적극적인 노력 없이 호흡이 자연스러워진다.

많은 이들이 연설 바로 직전 너무 흥분이 되면 마음을 가라앉히기 위해 의도적으로 호흡을 느리게 하곤 한다. 그것은 분명 적극적인 대응이다. 그러나 평소에 차분하게 감각을 일깨워 집중하는 연습을 한다면 어느 순간, 적극적인 대응 없이 호흡이 물 흐르듯 자연스럽게 흐른다. 이렇게 적극적인 대응에서 자연스러운 호흡으로 이어지는 발전이야말로 모든 호흡 훈련의 의미이며 목적이다.

어느 정도 호흡 연습이 됐다면 그 다음 단계로 넘어갈 때다. 필자가 알려주는 방법을 익혀 꾸준히 따르라. 처음에는 아침, 저녁으로 약 3분씩 연습해야 하지만 꾸준히 해 습관이 되면 자연스러운 호흡이 된다. 습관이 될 때까지 앉아서도 누워서도 혹은 서서도 필자가 제시한 호흡법을 계속 실천해야 한다.

연습 방법은 아래와 같다.

허리를 곧게 펴고 의자에 편안하게 앉는다. 자세를 바로 하고 앉을 수 있다면 어떤 의자라도 좋다. 어깨와 흉곽에 긴장을 풀고 내뱉는 숨을 느껴본다. 이어서 최대한 균일하게 두 콧구멍으로 허파 아래쪽까지 숨을 들이마신다. 횡격막이 내려가고 뱃가죽이 가볍게 부풀어 오른다. 호흡이 상복부로 밀려드는 느낌을 바라보라. 같은 리듬으로 계속 숨을 들이쉬면서 가운데 허파의 중심선 부위를 느껴야 한다. 이때 흉골은 앞으로 밀려나가고 갈비뼈는 밖으로 벌어진다. 마지막으로 허파의 위쪽을 느낀다. 다음엔 호흡을 잠시 멈춘다. 그리고 아래쪽에서 위쪽으로 들이쉴 때보다는 조금 천천히 날숨을 시작한다. 이 때 복벽 근육과 흉곽이 잠깐 느슨하게 긴장을 풀게 된다. 날숨 이후 긴장이 풀어진 상태를 들숨 이후 숨을 멈추는 시간보다 약간 더 길게 유지해야 한다.

4차원 호흡

다른 유용한 방법으로 '4차원 호흡'이 있다. 이 호흡법의 연구에는 힐라리온 페촐트Hilarion Petzold, 통합적 예술심리치료를 발전시킨 독일의 정신의학자의 도움이 컸다.

우선 바닥에 등을 대고 눕는다. 등 전체가 바닥과 밀착된 것을 느껴야 한다. 바닥 안까지 숨을 들이쉰다고 상상해보자. 호흡을 할 때마다 신체가 점점 더 바닥 깊숙이 가라앉는다. 이제는 호흡을 할 때마다 옆으로 늘어난다고 상상해보자. 방바닥을 꽉 채울 때까지 양옆구리가 점점 더 넓어진다.

그 다음엔 다시 호흡을 할 때마다 키가 커진다고 상상해보자 머리 쪽으로, 발 쪽으로 계속 길이가 늘어난다. 방 끝에 닿을 때까지 계속 숨을 쉰다. 이젠 호흡을 할 때마다 천장 쪽으로 몸을 부풀려보자. 몸이 점점 커져서 천장에까지 닿게 된다. 호흡을 할 때마다 사방으로 몸이 늘어나서 방 전체를 가득 채우게 된다.

호흡 느끼기

갑자기 강렬한 무대공포증을 겪을 때 도움이 될 수 있는 조치는 잠깐 숨을 참았다가 복벽의 움직임에 의식을 집중하고 호흡을 느껴보는 것이다. 지나칠 정도로 간단하지만 상상 이상의 효과를 기대해도 좋다.

이런 상황을 보면 우리가 자연스럽게 숨 쉬는 그 간단한 일을 얼마나 자주 잊게 되는지 놀라지 않을 수 없다.

서서 두 손을 나란히 배 위에 올려놓아 보자. 호흡의 리듬이 느껴진다. 양손을 서서히 옆구리 쪽으로 움직인다. 그러면 배 전체에서 호흡이 느껴진다. 양손을 계속 옆으로 움직여서 옆구리를 지나 손가락 끝이 척추에서 만날 때까지 등 뒤로 움직이자. 이제 두 손은 신장 높이에 놓인 채 호흡을 느낀다. 한 손은 그대로 등에 둔 채로 다른 한 손을 다시 배 위로 가져온다. 호흡이 이제 복부 전체로 확산되었음을 느낄 수 있다.

호흡 듣기

무대공포증의 경우 자신의 호흡을 듣는데 집중하는 것도 큰 도움이 된다. 눈을 감고 고요한 상태로 의식을 일깨워 집중한 채로 호흡에 귀를 기울인다. 서서히 숨이 몸을 따라 신체 각 부분으로 흘러가는 것을 느끼기 시작한다. 그 호흡과 함께 몸에서 임의의 소리가 함께 움직인다고 상상해보라. 몸 전체를 감싸는 안락함과 조화로움을 느낄 수 있다. 그래서 자기 자신으로 '회귀'하는 느낌이 든다. 이제까지의 삶을 머리로 살아왔던 사람이라면 특히 강한 느낌을 갖게 된다.

하품과 한숨

하품과 한숨은 '호흡 듣기'의 변화된 형태다. 하품은 혈중 이산화탄소와 산소의 비율을 적절하게 맞추면서 신체적으로 이완된 상태를 유도하는 반사적 호흡운동이다.

경탄하는 듯한 하품을 하면서 목을 열어보라. 긴장과 갑갑함이 얼마나 쉽게 해소되는지 느끼게 된다. 그게 아니면 지금 의도적으로 한숨을 쉬어보라. 가슴 깊이 한껏 숨을 들이마셨다가 세상이 꺼지라고 한숨을 쉬어보도록 하자. 당신을 짓누르고 갑갑하게 만들고 두렵게 하는 모든 것들을 깊은 탄식으로 뱉어내는 것이다. 순식간에 몸이 가벼워진다. 깊은 한숨은 긴장을 느슨하게 풀어주고 차분한 상태로 이끈다.

2단계 호흡법

두려움은 심장 박동을 빠르게 만든다. 그렇게 빨라진 심장 박동은 또다시 두려움을 일으킨다. 이런 형태의 악순환은 호흡을 부드럽고 규칙적으로 조절함으로써 해소될 수 있다. 게다가 호흡은 최면의 부드러운 형태라고 부를 수 있을 만큼 생각에 영향을 미치는데 우수한 수단이다. 특히 2단계 호흡법을 통해 누구나 직접 그런 효과를 경험해 볼 수 있다. 숨을 들이쉬는 사이 무대공포증을 불러낸다. 그리고 숨을 내쉬면서 원하는 변화를 호명한다. 예를 들면 이런 식이다.

> 들숨 – "무대공포증" – 멈춤 – "사라진다" – 날숨

한참 후에 이런 훈련이 자연스럽게 몸에 익게 되면 여기에 원하는 바를 덧붙이는 식으로 확장하는 것도 좋다. "용기가 생긴다", "집중력이 생긴다" 등과 같이 말이다.

이런 연습을 몸과 마음에 깊이 각인하기 위해서는 보통 4주 이상이 걸린다. 또한 나중에 부담이 큰 상황에서도 충분히 안정적으로 이용할 수 있도록 평소에 차분하고 느긋한 환경에서 연습해둬야 한다.

코 호흡

근본적으로 깊은 날숨은 긴장 완화를 촉진한다. 하지만 때때로 깊은 숨은 목과 목덜미를 경직되게 만들기도 한다. 이를 방지하기 위한 또 다른 날숨 훈련은 '코 호흡'이다. 대중 앞에 나설 때 갑자기 무대공포증의 습격을 받아 마음의 균형을 잃게 될 위험에 처하게 되면 곧바로 적용해 볼 수 있는 기본적인 무기 가운데 하나다.

길고 차분하게 오로지 코로만 숨을 쉰다. 그럼으로써 들숨을 더욱 깊게 하고 그 숨을 몸으로 느낄 수 있게 해준다. 코로 내쉬는 깊고, 길게 끈다. 편안한 숨은 한편으로 경직을 풀어주고, 다른 한편으로는 무기력한 늘어진 상태에 새로운 긴장감을 제공한다.

코르셋 호흡

'코르셋 호흡'도 역시 무대공포증에 제동을 거는 효과를 가지고 있다. 두려움이 치솟을 때 사용 가능한 기본적인 무기에 속한다. 실제로 코르셋을 경험해 본 적이 없는 남자와 여자라도 이 훈련을 하는 데에는 전혀 문제가 없다.

횡격막 근육이 활발하게 움직이면 공기가 더 높은 압력으로 성대에 도달하고 결국 목소리가 더 편안하게 나오게 된다. 근육을 팽팽하게 당김으로써 몸속에서 두려움을 일으키는 체내 물질이 분비되는 일도 억제한다.

앉아서 혹은 편안히 선 자세로 마치 코르셋을 조이고 있는 것처럼 복근을 긴장시켜 보자. 가장 쉬운 방법은 앞으로 손을 뻗고 팔꿈치로 옆구리를 누르면서 복근을 팽팽하게 당기는 것이다. 이제 가볍게 입술을 열고 아무 뜻 없는 그냥 '스'하는 소리와 함께 숨을 내뱉는다. 그리고 날숨의 마지막 단계에서 긴장을 느긋하게 풀고 다시 부드럽게 숨이 밀려들도록 한다.

5박자 호흡

소위 '5박자 호흡'도 신체의 긴장을 이완시키고 복잡하게 얽힌 생각을 풀어 문제를 해결하는 데 도움을 준다. 여기서 시도하는 것은 가벼운 형태의 자기 최면이다. 신체와 정신을 모두 느슨하게 풀어진 상태로 만드는 것이다. 이런 형태의 자기 최면은 몇 번 훈련을 하고 나서야 비로소 성공할 수 있다. 그러나 일단 성공하고 나면 아주 빠르게 긴장을 완화시키고, 극히 부담스러운 상황이나 어려운 도전의 자리에서 큰 효과를 보여준다.

우선 편안하게 앉아서 눈을 감고 숨을 깊이 들이쉰다. 이제 숨을 내쉬면서 얼굴과 목덜미 근육의 긴장을 풀어준다. 두 번째 내쉴 땐 팔과 어깨의 근육을 이완시킨다. 세 번째 호흡에선 흉곽과 복부 그리고 등 근육의 긴장을 풀어준다. 네 번째 호흡에선 다리와 발 근육의 긴장을 풀고, 다섯 번째 호흡에선 숨을 내뱉는 동안에 전신의 긴장을 완화시킨다. 잠시 후에 열부터 일까지 세고 주먹을 둥글게 말아 쥐고 전신을 길게 펴면서 자기 자신에게 말한다.

"난 완전히 긴장이 풀렸고 정신이 말끔하게 깨어났다."

자신있게
말하기

사람들 앞에서 자신 있게 말하는 방법은 충분히 배울 수 있는 일이다. 어떤 강연에 감명을 받아 연설을 배우고 싶다고 말하는 사람은 이미 학습의 동기부여가 된 것이다. 그렇지만 단번에 완벽하게 해낼 수 있기를 자신에게 요구하는 건 무리다. 사람들 앞에 나서 연설을 하거나 일정한 주제에 대해 관심을 유도하고, 자신의 주장을 확실하게 전달해 관철하는 데엔 생각보다 많은 연습이 필요하다. 악기를 배우는 것과 비슷하게 습관적으로 반복되는 훈련이어야 한다.

사람들 앞에서 어떻게 말해야 할까? 그것을 알기 위해선 가장 먼저 본인이 말할 때 어떤 취약점이 있는지 정확하게 파악해야 한다. 자신에게 이렇게 물어보자.

평소에 너무 나직하게 말하는가?

말이 너무 빠르지는 않았는가?

발음이 부정확한가?

'그리고', '혹은', '너무', '솔직히', '으흠', '에', '그 어떤' 등 평소 쓰는 말버릇을 연단에서 너무 자주 사용하지는 않는가?

시선은 어떻게 처리하는가?

시선을 관객에게 맞추고 유지할 수 있는가?

발표자가 자기 혼자만 생각하면서, 오로지 자기 방어를 위해 그 자리에 있는지, 아니면 청중을 위해 나서 있는 것인지는 얼굴 표정에 웬만큼 드러난다. 많은 사람들이 사람들 앞에 설 때 긴장된 표정을 보인다. 본인은 불쾌한 기분이 아니라 단순히 그 자리에 있기 거북한 것인데도 불구하고 오해를 살 때가 종종 있다. 관객과 청중에겐 친절하고 다정한 표정을 볼 권리가 있다. 발표자가 꼭 쉼없이 실실 웃고 있어야 한다는 뜻은 아니다. 다만 발표가 친절한 분위기에서 이뤄져야 한다는 뜻이다. 누구나 그런 경험을 해본 적이 있을 것이다. 아침에 거울 앞에 서서 자기에게 살짝 미소를 지어주면 세상이 더 다정한 빛깔로 다가오는 경험. 당신을 만나는 누군가가 불친절한 표정을 짓고 있으면 당신의 기분에 심각한 영향을 미친다. 그 표정 하나로 하루 종일을 망칠 수 있다.

친근함, 유쾌함, 다정함은 사람들 앞에서 발표하는 사람에게 아무리 강조해도 지나치지 않다. 우리는 얼굴 표정이 기분에 적잖은 영향을 미친다는 것을 잘 알고 있다. 친절한 얼굴로 사람들을 대하면 당신 자신의 기분이 거기 맞게 변한다. 그것은 또한 당신의 말과 당신의 태도 전체에 영향을 미친다.

그럼 이제 당신의 언어적 취약점을 고쳐보자. 먼저 구체적인 목표를 세워야 한다. 예를 들면 더 크게 소리를 낸다거나 더 또렷하게 말하자는 목표를 정할 수 있다. 어려운 과제로 넘어가기 전에 우선 쉽게 생각되는 한 가지 목표를 선택하자.

다음으로 습관적으로 집어넣는 휴지부 채우기 단어, 다시 말해 '음', '에' 같은 말이 있다면 그것을 없애야 한다. 이를 위한 첫 걸음은 보통 '에'나 '그게 말이지요', '음'으로 채우던 휴지부를 의도적으로 정해두고 그 부분에 말없이 꾹 참아보는 것이다. 생각보다 아주 힘든 일이 될 것이다. 대개의 사람들이 무대에서 말이 멈추고 정적이 흐르는 시간을 불쾌하거나 창피하다고 느끼기 때문이다. 그렇지만 습관이 된 휴지부 채우기 단어를 넣어서 말하지 않고 말을 멈추는 시간을 정해 연습하는 것은 얼마든지 할 수 있는 일이다.

자신의 말하기 방식을 바꾸고 싶다면 우선해야 할 것은 '계획 기록하기'다. 쉽게 볼 수 있는 메모장을 만들어서 하루하루 실천할 계획을 기입해 보자. 무엇인가를 기록하는 것은 기억을 더욱 강화한다. 그래서 계획을 기억하고 실천하도록 도와준다. 우선 실천할 것은 '더 또렷하게 말하기'다. 다음 단계에서는 '휴지부 채우기 단어 넣지 않고 말하기', 이렇게 메모할 수 있을 것이다.

더 또렷하게 말하기 위해선 임의로 선택한 책자를 크고 또렷하게 읽어보자. 매일 정해진 시간에 실천한다. 이 때 몇 분씩 아무 것이나 소리 내어 읽는 것이 좋다. 과장한다 싶을 정도로 또렷하게 발음하고 크게 읽어라. 부정확한 발음으로 말하는 것에 익숙해져 있다면 과장된 또렷함이 사실은 적당히 또렷한 수준이다.

이를 꾸준히 실천하기 위해 계획이 적힌 메모지를 쉽게 눈에 띄게 지갑, 책상, 부엌 혹은 바지 주머니에 붙이거나 넣어두는 것도 좋다. 당신이 계획한 사항을 틈틈이 되살려줄 수 있다. 바르고 또렷하게 말하는 모습은 무대에서 엄청난 장점으로 작용한다. 목소리는 개성과 인격을 강조해 보여주는 강력한 무기다.

바르고 따뜻하게 들리는 목소리를 위한 기본 훈련도 겸해보자. 이를 위해 '므'와 '느'를 발음하며 콧노래 하듯 숨을 내쉬어보자. 먼저, 똑바로 서서 아주 자연스럽게 숨을 들이쉰다. 그 다음 '므'라고 소리를 내며 콧노래 하듯 숨을 내쉰다. 다음엔 마찬가지 방식으로 '느' 소리를 낸다. 울림을 더 크게 만들기 위해 'ㅁ'과 'ㄴ'에 다양한 모음과 강세를 적용해 발음해본다.

'ㅁ'과 'ㄴ'을 강조하고 소리를 크게 내는 것이 중요하다. 이 훈련을 매일 몇 분씩 실천한다면 당신의 연설하는 목소리가 더욱 분명하고 풍부한 성량을 갖게 될 것이다.

무대에서 노래를 부르는 사람은 어떻게 해야할까? 노래는 울림과 결합된 호흡의 흐름이다. 노래는 호흡과 마찬가지로 육체와 마음 사이의 연결자 역할을 한다. 무대에 나서기 위해서 오랜 시간 준비를 하면 우리는 얼마든지 더 나은 실력을 가질 수 있다.

노래를 하면서 우리는 진동과 공명을 느낀다. 우리 스스로 목소리를 가지고 만들어내는 것들이다. 그 목소리는 음조를 형성한다. 거꾸로 말하면 음조는 목소리 속에서 표현된다. 노래 실력과 목소리는 밀접한 연관이 있다는 얘기다. 목소리의 자신감은 심리 상태와도 연관된다.

사실 몇 번 길게 음을 내는 데 집중하는 것만으로도 안정을 찾을 수 있다. 더 나아가면 자아감, 다시 말해 '자기 자신과 한 소리로 울리는 느낌'을 만나게 된다. 생각, 느낌, 행동도 하나의 소리에 집중함으로써 하나가 된다. 여기에도 적용되는 중요한 원칙은 '적은 것이 많은 것이다!'이다. 즉, 작은 것에 집중하면 큰 것이 가능하다. 노래는 육체적 긴장은 물론 심리적인 긴장도 배출할 수 있다.

손이 떨리는 등의 신체 증상에 맞서는 방법으로는 심장 박동 훈련을 권하고 싶다.

목소리를 특별히 힘들이지 않고 길게 끌고 갈 수 있는 음으로 노래를 하라. 그러면서 심장박동에 집중해보자. 오래 이어지는 음은 파도처럼 출렁이는 움직임을 갖게 된다. 이런 움직임이 신체에 전달되면서 긴장을 풀어주고, 동시에 자신감도 높인다.

내가 낼 수 있는 확실한 음은 '자신감 조절 장치' 역할을 한다. 그래서 힘들이지 않고 목소리를 끌고 갈 수 있는 자기만의 기본음을 발견하는 게 중요하다. 그 음을 찾으면 상상 속에서 해당 음과 자신감을 연결할 수 있다.

몇 가지 음을 길게 흥얼거리는 것만으로 마음이 차분하게 가라앉는 효과를 거둘 수도 있다. 모차르트 역시 작곡을 할 때 항상 흥얼거렸다고 한다. 모차르트의 천재적인 악상은 그렇게 나왔다. 뇌파를 조화롭게 만들고, 호흡을 깊게 하고, 심장 박동의 빈도를 낮추는 것은 단 몇 분의 허밍으로 충분하다.

허밍은 기분을 쾌적하게 하면서 긴장을 완화시킨다. 이를 위해 자신에게 가장 잘 맞는 음을 찾아보자. 한 음을 나직하고 길게, 어떤 식의 압력도 주지 말고 그냥 흘러나오도록 한다. 매일 이 기초 훈련을 실천하면 자신감이나 자의식을 원하는 상태로 끌어올릴 수 있다. 숨이 차거나 기관지에 문제가 있는 사람은 이를 아랫입술에 대고 살짝 들릴 정도로 '프' 소리를 냄으로써 기관지의 압박을 없애면서 날숨의 흐름을 제어할 수 있다.

실제로 소리를 내는 것은 두려움으로 턱턱 막히는 느낌을 효과적으로 해소하는 방법 중 하나다. 소리를 낼 때 H. R. 벤슨_{H. R. benson}이 '긴장이완 반응'이라고 지칭했던 현상이 나타난다. 벤슨은 주문이 심리에 미치는 영향에 대해 연구했다. 그 결과 한 단어의 반복이 특별한 작용을 한다는 결론에 이르렀다. 특정 발음을 하면 산소 소모와 호흡 빈도, 심장 박동수가 감소하고 신진대사가 느려진다는 것이다. 뇌파 중 알파 파장의 활성도를 증가시켜 긴장이 이완된 각성 상태에 도달하는 모습도 보여줬다.

다음에 소개하는 연습으로 그 상태를 잠시 경험해 볼 수 있다.

자세는 어떻게든 상관없다. 앉아서 또는 서서 할 수 있다. 우선 눈을 감고 '아' 또는 '우' 소리를 낸다. 이때 당신의 두려움을 목소리에 불어넣어 내뱉는 느낌을 가져야 한다. 목소리를 무리해서 이어가지 말고 약 2~3분 하고나면 한 번씩 멈추고 쉬는 시간을 갖도록 한다. 소리들이 다양한 효과를 가질 수 있다는 점을 생각하라. 여러 번 실험을 하면서 당신에게 가장 잘 맞는 소리 혹은 음을 발견하도록 하자.

중요한 것은 각각의 소리가 어떤 느낌을 일으키고, 어떤 신체 변화를 일으키고, 어떤 에너지파를 방출하는지 감지하는 것이다.

하나의 모음으로 노래할 때 우리는 각 모음이 신체의 특정 위치를 자극한다는 것을 느낄 수 있다. '우' 소리로 음을 내며 시작해보자. 그 노래는 하복부에서 울린다는 것을 알게 된다. '오'는 복부에서, '아'는 가슴에서, '에'는 목과 가슴에서, 그리고 '이'는 머리에서 울린다. 인도의 노래학교에서도 이와 비슷한 방법으로 학습한다. 그곳 학생들은 자주 특정한 모음 하나로 몇 시간 동안 같은 음을 내면서 노래하는 수업을 받는다.

아시아 문화에서 볼 수 있는 여러 주문에는 특별한 전통이 있다. 그 효과는 종종 경험으로 증명된다. 심적, 신체적 상태에 변화를 불러오는 모든 소리나 울림은 주문이라고 할 수 있다.

특히 산스크리트어인 '옴'은 매일 무수히 많은 사람들이 노래하는 불교식 주문이다. 지금은 인도에서만이 아니라 전 세계에 널리 알려져 있다. 그 음을 오래 전부터 연습해온 사람들은 이 소리의 경건한 느낌을 통해 일상의 어려움을 극복하는데 도움을 받았다고 한다.

길게 늘어지는 '옴'과 달리 무대공포증의 경우엔 짧은 음절 형태의 주문들에 더 높은 효과가 있다. 무슨 의미가 있든지 없는지와 무관하게 음이나 음절을 읊는 것만으로 정신이 깨어나고 마음이 안정되는 효과를 거둘 수 있다.

주문의 깊은 효과는 우리가 내면을 향해 말할 수 있는 자리에서 펼쳐진다. 즉, 차분한 정신 상태에서 가장 효과적인 것이다. 하지만 반대로 주문이 거꾸로 마음을 고요하게 만드는 역할도 한다. 정신없이 돌아가는 바쁜 일상으로부터 잠시 벗어나 자신만의 음절이나 음운을 반복해보자. 이런 방식으로 우리는 자연스럽게 안정을 되찾고 깊은 호흡도 할 수 있게 된다. 이것은 무대공포증을 겪을 때 마음의 중심을 세워주는 중요한 수단이 되기도 한다.

적당하게
긴장하라

제대로 긴장을 이완시킬 수 있는 능력, 이른바 '유토니'Eutonie, 긴장을 완화하여 편안하고 적절한 긴장으로 심신이 조화롭게 유지되는 상태. 독일 출신의 덴마크 여교사인 게르다 알렉산더가 주장한 자기개발의 방법를 발견하는 것도 무대공포증에 올바로 대처하는 데 꼭 필요하다. 긴장과 이완의 상태를 체계적으로 훈련함으로써 우리는 과도한 긴장감을 제거할 수 있다. 나아가 근육을 비롯한 모든 신체가 안정된 상태에 이르게 된다. 반면에 과도하게 긴장된 상태에서는 유연한 사고와 부드러운 움직임에 커다란 제약을 받게 된다.

대부분의 조언들이 목표로 삼는 '이완 상태' 혹은 '편안하게 늘어진 상태'는 무대 위에선 사실 환상에 불과하다. 그 비슷한 상태에 이를 수 있다고 해도 별 도움은 되지 않는다. 그래서 짚어둘 게 있다. 앞으로 필자가 '이완 상태'에 대해 말할 때는 '적당한 긴장감'을 의미하는 것이다. 아무런 긴장도 하지 않고 완전히 헐렁하게 늘어진 상태를 말하는 게 아니다. 관객이나 청중도, 무대 위의 발표자도 무대가 열릴 때에는 긴장하지 않을 수 없다. 사건에 특정한 의미를 부여하기 위해 그 긴장을 자아내고, 긴장을 조였다 풀었다 하면서 '가지고 노는 것'은 무대 발표자의 과제다.

심적 긴장 상태를 스스로 인정하고 성공하는 무대의 전제조건으로 이용한다면 무대공포증에서 긍정적인 측면을 발견할 수 있다. 확신을 가지고 무대에서 활동하기 위해서는 이른바 '풀어진 긴장감'이 필요하다. 완전히 풀어진 상태도 아니고 과도한 긴장 상태도 아닌 풀어진 긴장감은 정신이 깨어 있고 에너지가 넘치지만 편안하고 느긋한 상태를 말한다.

이완 상태란 정신적으로, 육체적으로 비교적 덜 활성화된 모습을 말한다. 심적으로 안정된 조건일 때 혹은 적극적인 긴장해소 노력 이후에 지금까지의 긴장 상태에 이어 나타나는 작용이다. 이완 상태는 다양한 측면을 포함하고 있다. 감성적, 정신적, 육체적 안정감과 느슨함을 느끼는 것 외에도 전형적인 생리적 변화들이 수반된다. 대표적인 예로 심장 박동수 감소, 혈압 강하, 여타 심혈관계의 활동 감소를 들 수 있다. 그 밖에도 근육 긴장 완화와 소위 스트레스 호르몬이라고 불리는 아드레날린, 노르아드레날린, 코르티솔의 분비량 감소도 중요한 변화다.

긴장과 이완의 역동적 변화는 마치 밤과 낮의 교차 주기와 같다. 다르게 표현하면 직장과 여가시간의 교차, 다시 말해 일하는 시간과 원기를 회복하는 시간이 교차 반복되는 것과 마찬가지 성격으로 이해할 수 있다.

앞서 말한 '풀어진 긴장감'을 얻기 위해선 일종의 감각훈련이 필요하다. 그 훈련법 중 하나를 설명해 보겠다. 그것을 약 10회 정도 연습하고 나면 몸 전체를 단 한 번 긴장시키는 것만으로 깊은 이완된 상태에 이르게 된다.

이 연습이 다른 긴장 완화법과 다른 점은 상상훈련이 가미된다는 것이다. 예를 들어 신체 부분을 긴장시켰다가 풀면서 발이 점점 커지는 상상을 결합시키는 것이다. 이런 상상을 의도적으로 근육 이완 훈련과 연관시키면 보다 강한 효과를 얻을 수 있다.

등을 바닥에 대고 누워 다리를 약간 벌리고 팔은 몸 옆에 자연스럽게 내려놓는다. 눈을 감고 이렇게 말한다.

"나는 완전히 편안하게 이완된 상태다."

이제 특정 근육을 긴장시켰다가 이완시킬 것이다. 상상 속에서도 이러한 긴장과 이완을 반복한다. 3초에서 5초 동안 지각, 긴장, 풀어주기를 각각 리드미컬하게 진행한다. 가장 먼저 오른쪽 발부터 시작해보자. 긴장하고, 긴장을 유지하고, 풀어주는 과정을 똑똑하게 느껴야 한다.

풀어줄 때에는 발이 커지고 있는 장면을 상상해보자. 그러고 나서 이제 편안하게 호흡하자.

뒤를 이어 왼쪽 발에서 똑같은 동작을 반복한다. 계속해서 오른쪽 장딴지, 왼쪽 장딴지, 오른쪽 허벅지, 왼쪽 허벅지, 두 다리 함께, 오른쪽 엉덩이, 왼쪽 엉덩이, 양쪽 엉덩이 함께, 복부 근육, 가슴 근육, 어깨 근육, 오른손, 왼손, 오른쪽 팔뚝, 왼쪽 팔뚝, 오른쪽 상박, 왼쪽 상박, 두 팔 함께, 목덜미, 얼굴, 머리, 그리고 마지막으로 몸 전체를 긴장시켰다 풀어주고 편안하게 정리 호흡을 한다.

육체는 어떤 형태로든 쉬지 않고 메시지를 내보낸다. 동작, 표정, 제스처, 자세 등 모두가 그러한 언어 역할을 한다. 그 언어를 배우고 섬세하게 다듬기 위해서는 본인 스스로 자신의 힘줄과 근육, 그리고 관절의 움직임을 예민하게 느낄 수 있어야 한다. 자신의 동작에 대한 예민한 감각을 갖게 될 때 원하는 대로 동작을 조종할 수 있다. 신체에 대한 느낌을 가다듬기 위해서 우선 신체에 대한 감지 능력을 개선할 수 있는 세 가지 연습을 제안한다. '자신을 풀어놓기', '흠뻑 젖은 스펀지 기법', '고무인형 기법'이 바로 그 세 가지이다.

자신을 풀어놓기

의자에 앉아 손을 허벅지 위에 올려놓는다. 다음엔 눈을 감고 호흡에 귀를 기울인다. 근육이 어떻게 해서 피로해지고, 어떻게 중력 등 여러 느낌에 젖어있는지 깨달아야 한다. 천천히 몸이 이완된 상태를 유도하면서 자신을 풀어놓는다고 생각하라. 잠시 후 그 이완된 자세를 해제한다.

몇 번 깊이 심호흡을 하고, 크게 소리 내서 하품을 한다. 이제 당신의 팔다리는 편하고 부드럽게 움직인다. 맑게 깨어나는 느낌으로 눈을 뜬다.

흠뻑 젖은 스펀지 기법

매트 위에 누워 팔을 몸 옆으로 벌려 손바닥을 아래로 내려놓고 다리는 살짝 벌린다. 눈을 감는다. 이젠 당신의 몸이 흠뻑 젖은 스펀지라고 상상해보자. 물이 여러 구멍에서 줄줄 흘러나올 듯한 스펀지다. 이젠 당신의 발뒤꿈치에 있는 가상의 땀구멍들을 열어두고 잔뜩 머금은 물이 줄줄 흘러나가도록 내버려둔다.

몸 전체를 따라서 그런 연습을 해보자. 다리, 골반, 가슴, 팔, 손 그리고 머리, 추가로 몸을 적시고 있는 물이 증발한다는 상상을 해보자. 이완의 효과를 한층 높일 수 있는 방법이다. 각 신체 부분을 통해 사람들은 몇 번 짧고 깊게 숨을 들이 마시고 내쉰다. 마음속으로는 이렇게 말한다.

"나는 완전히 편안한 상태로 맑게 깨어 있다."

고무인형 기법

적절한 근육 긴장은 건강하고 쾌적한 컨디션을 유지하는데 중요한 요소다. 대부분의 사람들은 자신들이 지속적인 긴장 상태에 있다거나 긴장한 채로 살아가고 있다는 사실조차 깨닫지 못한다. 다음과 같은 동작을 연습해 마음을 평온하게 유도해보자. '고무 인형'이라는 방법을 소개한다.

눈을 감고 당신이 고무 인형이 되었다고 상상해보자. 팔다리는 느슨하게 묶여 있다. 이젠 자신의 고무 몸뚱이를 마치 뱀처럼 움직여보라. 신체의 탄력과 움직임을 그대로 유지하면서 마음을 차분히 한다. 중력의 느낌을 즐겨라. 그러고는 몇 분 쉬면서 따스하면서도 유연해진 느낌에 그대로 머물러라. 다음엔 몸을 길게 늘이고 뻗어서 팽팽하게 한다. 근육을 긴장시켰다가 다시 한껏 풀어준다. 눈을 뜨고 다시 한 번 몸을 늘인다.

제안된 순서를 무조건 지킬 필요는 없다. 그러나 의식은 놓지 말라. 어떤 자세를 더 오래 하고 싶은지, 어느 자리에서 다시 뒤로 돌아가고 싶은지, 어떤 단계에서 빨리 그 다음으로 진행하고 싶은지 곰곰이 생각하고 관찰해보자.

다리를 살짝 벌리고 매트 위에 누워 팔을 몸 옆으로 편안히 내려놓는다. 준비가 됐으면 눈을 감고 바닥과 접촉해 있는 느낌을 떠올려본다. 먼저 왼쪽 발쪽을 느껴보자. 다음엔 감각을 오른쪽 발로 옮겨간다. 이어서 의식을 왼쪽 다리, 무릎, 허벅지, 골반으로 가져갔다가 다시 오른쪽 다리, 무릎, 허벅지, 골반으로 옮긴다. 당신에게 떠오르는 환상, 장면, 생각은 거부하지 말고 그대로 느껴야 한다.

이제 팔과 손에 감각을 집중시킨다. 왼쪽 팔, 오른쪽 팔, 왼쪽 손, 오른쪽 손. 양쪽에서 차이가 느껴지는가? 계속해서 감각을 어깨, 목덜미, 머리, 이마, 눈썹, 코, 뺨 그리고 입술로 가져간다. 당신의 호흡에도 주의하고, 호흡이 흉곽을 밀어 올렸다가 내려오게 하는 것을 느껴야 한다. 흉곽, 갈비뼈, 골반 안쪽으로 감각을 옮긴다. 골반을 차근차근 탐색하고 거기에서부터 등으로 의식을 넘긴다. 편안하게 몇 번 척추를 따라 의식을 움직여본다. 골반에서 목덜미까지. 그 다음에는 감각을 배꼽 아래 단전 부분으로 보내 그곳에서 당신의 위와 간 그리고 창자와 만나게 해보자.

부정적인 사고방식과의 이별

오랫동안 정리를 안 한 작업실을 상상해보라. 책상 위에는 서류, 책, 잡지들이 잔뜩 쌓여 있다. 모든 것이 뒤죽박죽 어지러운 상태여서 도저히 집중할 수 없는 상태다. 무언가를 새로 실행하려면 먼저 기존의 것을 분류하고 치우고 정리하는 일이 필수다. 무대공포증의 경우도 마찬가지다. 분명한 목표를 가진 실천적 가이드라인을 따라 자기 생각을 새롭게 인지하고 배열하는 법을 배울 필요가 있다. 무대 위에서 우리가 하는 행동은 즉각적으로 나오는 게 아니다. 우리의 관념과 기대, 즉 생각을 통해 표출되는 것이다. 따라서 스스로의 생각을 깊이 인지하는 것은 새로운 사고방식을 위한 초석이다. 이는 결국 행동의 변화를 유도한다.

여기서는 먼저 다양한 사고방식을 소개하면서 기존의 것을 뛰어넘어 새로운 단계로 나아가는 데 도움이 되는 방법들을 찾을 것이다. 과제는 두 단계로 이뤄진다. 일단 부정적이고 소모적이라고 평가할 수 있는 생각들을 찾아내고, 다음으로 이들을 긍정적이고 건설적인 길로 이끄는 것이다. 그렇게 되면 더 이상 무대 위에 서서 당신의 의도를 해치고 방해하는 생각에 맞서 싸울 필요가 없게 된다.

'자기 상담'이란 방법으로 이야기를 시작해보자.

자기 상담

"무대공포증은 도대체 어디에서 오는가?"

다른 사람이 이렇게 물었을 때 그 대답을 쓰거나 녹음해보자. 당신의 대답은 전혀 정리되지 않은 상태일 것이다. 이젠 비슷한 상황에 처해 있는 이성 친구가 당신을 찾아와서 자기 상황을 자세히 설명하고 있다고 상상해보자. 이런 경우 어떤 충고를 해줄 것인지 곰곰이 생각해보라.

| 소모적인 사고 습관의 확인 |

마음속에 크고 작은 두려움을 일으켜 격렬하게 공격해오는 단상들

에 대해 다음과 같은 인식을 가질 필요가 있다.

- ✓ 다름 아닌 내 생각이 무대공포증을 심화시키는 역할을 한다.
- ✓ 부적절한 생각들이 무대 상황을 잘못 인식하게 만든다.
- ✓ '내부의 적들'이 습관이 돼버리면 자동적으로 진짜 무대가 아니라 '생각이 만든 무대'에 오르게 된다.
- ✓ 무대공포증의 느낌들은 생각의 방향을 새로이 조정함으로써 극복할 수 있다.

무대에서 만날 수 있는 외적 위험에 대해 말하는 것은 비교적 쉬운 일이다. 그래서 다른 사람들과 충분히 관련 정보를 교환할 수도 있다. 그러나 무대공포증이 발생하는 데 결정적인 역할을 하는 것은 상념의 세계 속에 존재하고 있다. 그만큼 다른 사람에게 설명하기 어려운 자기 자신만의 관념이다.

심리유형에 따라 사람의 성격은 여러가지로 나뉠 수 있다. 한 사람 안에도 여러 성격유형이 함께 존재한다. 무대에서 능력을 검증받은 사람들은 겉으로 볼 때 비슷한 성격으로 보인다. 하지만 사실은 나머지 성격유형들도 무대 장치 뒤에 감춰져 있을 뿐이다. 조명을 끔찍하게 두려워하는 '지긋지긋한 존재들'이 그 곳에 있다. 자기를 비하하고 능력을 의심하고 회의와 비난을 일삼는 이들이다. 무대공포증에 현명하게 대처하기 위해선 그런 귀찮은 존재들의 정체를 먼저 확인해야 한다.

이후에 딛는 두 번째 걸음은 그런 존재들을 통합해 변화시키는 일이어야 한다. 다시 말해 서로 조화가 안 되거나 뒤섞이거나 나란히 존재하는 부정적인 마음과 긍정적인 심리를 화해시키는 것이다. 그럼으로써 '내면의 목소리들'을 무대 위에서 협력하는 하나의 팀으로 만들 수 있다. 우리 내면에서 이를 어떻게 성취할 수 있을까? 내적인 과정, 다시 말해 '자기 자신과 하나 되기'란 목표를 어떻게 성공적으로 완성해낼 수 있을까?

| 자신과 하나 되기 |

두려움이 크지 않은 비교적 작은 무대에서는 자신과의 대화가 단 몇 분에 그치거나 금방 멈춘다. 금세 무대를 잘 마칠 수 있다는 확신을 갖게 되기 때문이다. 그러나 더 크고 오랜 기간 준비한 무대의 경우에는 그런 대화가 더 오래 지속될 뿐 아니라 의도적인 수정 작업도 필요하다.

과제물 발표를 앞두고 있는 한 여학생의 자기 대화를 살펴보자. 완벽주의자, 의심꾼, 게으름뱅이가 내면의 목소리로 나서고 있다. 게으름뱅이는 앞장에 제시된 대표적인 내면의 목소리 중 하나로 꼽히진 않았지만 여기에선 중요한 역할을 한다.

완벽주의자 : 난 무조건 할 수 있어야 해.

의심꾼 : 난 절대 해낼 수 없어!

게으름뱅이 : 사실 난 전혀 하고 싶지 않아.

완벽주의자 : 때가 되면 넌 또 숨어버리고 말거야, 이 비겁한 것!

게으름뱅이 : 난 그저 네가 너 자신에게 너무 심한 요구를 해서 괜히 힘들지 않을지 걱정하는 거야.

의심꾼 : 난 정말 미쳐버릴 지경이야, 이 과제 발표에 모든 것이 달려 있다고.

게으름뱅이 : 차분하게 잘 따져봐. 잘못된다고 해봐야 죽기까지 하겠어. 그리고 말이지, 너희 둘 말이야, 스트레스 제조기 노릇 좀 그만 두는 게 어떻겠니.

완벽주의자 : 절대 그럴 수는 없어. 지도교수님도 말씀하셨잖아, "제발 실수하지 말고 잘 해봐." 이렇게 말이야. 오늘 발표에 참가하는 평가자들은 아주 냉정하고 가차 없이 평가할 게 분명해.

의심꾼 : 난 이런 일을 해본 경험이 없잖아. 다른 발표자들은 벌써 몇 번씩 이런 발표를 해본 적이 있다고.

완벽주의자 : 맞아, 이것은 내게 너무 어려운 일이야.

게으름뱅이 : 멋지게 능력을 발휘하는 것은 다음 학기로 미뤄두는 게 좋을 거야. 그러지 말고 차라리 발표를 적당히 끝낼 수 있도록 도와주는 편이 좋겠어. 아무래도 너희 둘에겐 정말로 내가 필요한 것 같아. 내가 있어야 현실을 제대로 깨닫게 되니 말이야.

의심꾼 : 엄마는 나한테 뭐 하러 대학에 가느냐고 항상 말했었는데. 도대

체 이 일을 어떻게 해야 할까?

게으름뱅이 : 눈물 질질 짜는 그 짓 좀 그만 해! 발표할 내용이나 작성하고 나서 계속 엄마에 대해 생각하라고.

물론 무대에서 위에 적힌 순서대로 이야기가 진행되지는 않는다. 뚜렷하지 않은 생각의 파편들이 머릿속을 쏜살같이 지나가는 식이 될 것이다. 그렇지만 위 대화에서 각각의 목소리들이 해결책을 찾기 위해 어떤 식으로 노력하는지 파악할 수 있다. 이들은 각자 의견을 듣고 질문을 하고, 상대를 설득하면서 차별화된 입장을 질서 있게 내세운다. 흥미로운 점은 내부의 게으름뱅이가 꽤 균형 있는 반응을 보인다는 것이다. 그는 자기 의심꾼과 완벽주의자를 잘 알고 있고, 그들에 대해 도발적이면서 호의적인 자세를 견지하고 있다. 그럼으로써 핏대 높여 싸우는 두 개의 목소리를 협조할 수 있는 수준으로 '끌어내리는' 것이다.

내면의 무대 구성하기

무대에 오르기 전, 머릿속에 시나리오를 그리는 일은 쉽지 않다. 이를 어렵게 만드는 감정들이 있는데, 네 개의 기본 모형으로 분류할 수 있다.

- ✓ 나는 차단됐다.
- ✓ 나는 마비됐다.
- ✓ 나는 혼란스럽다.
- ✓ 나는 압도됐다.

이렇게 네 가지로 구분되는 감정 모형들은 서로 중복, 교차될 수도 있다. 말하자면, 혼란스러움과 동시에 차단된 느낌을 갖기도 하는 것이다. 무대에 나서기 전에 머릿속 시나리오를 어떻게 바꾸어놓을 수 있을까? 나는 여기서 해답을 찾기 위한 다섯 단계의 구조화된 질문을 제시한다.

STEP 01 누가 말하고 있는가?

각각의 말은 누구의 입에서 나오는 것일까? 그 말들을 어떻게 구별할 수 있을까? 예를 들자면, 겁쟁이, 의심꾼, 비평가, 독단론자들이 서로 질세라 소리를 질러대는 데 각각 누구 목소리인지 생각해본다.

STEP 02 각각의 목소리는 뭐라고 말하는가

전문적인 결혼 상담이나 갈등 조정의 경우에도 내면의 대화 시간이 필요하다. 각자 서로 방해 없이 일정 시간 동안 내면의 목소리들이 자유롭게 자기 입장과 견해를 밝힐 기획를 갖는 것이다. 다른 이들은 자기

차례가 될 때까지 귀 기울여 들어야 한다.

대화의 예를 들어보자.

> 겁쟁이 : 이 무대는 너무 큰 스트레스야. 벌써부터 한잠도 잘 수가 없어. 그 시간만 생각하면 심장이 두근거리고 손가락이 오그라든다니까.
>
> 의심꾼 : 과연 해낼 수 있을까? 너무 많은 것을 계획하고 있는 게 아닐까? 내가 차라리 미리 포기하는 편이 낫지 않을까?
>
> 비평가 : 실수가 너무 많아. 철저하게 제대로 준비하지 못했던 거야. 그래서 불안하게 보여. 전부 뒤죽박죽 엉망진창이라고.
>
> 독단론자 : 더 많은 수양이 필요해. 집중해! 그렇게 잔뜩 긴장해서 얼어 있지만 말고!
>
> 겁쟁이 : 다른 사람들이 어차피 더 잘할 거야. 다른 사람들처럼 그렇게 앞에 나서서 발표해 본 적이 없잖아. 쑥스럽고 창피해서 못 견디겠어.
>
> 모험가 : 뭐 새로운 것이 있을까? 한 번 색다른 것에 도전해보고 싶어. 긴장이 넘치는 모험이 그리워. 지난번에 결과도 좋았잖아.

가슴 속에서 울리는 다섯 목소리의 논의를 가상으로 꾸며봤다. 내면의 목소리는 더 다양할 수 있지만 논의의 한 단면만을 사례로 보여주기 위해 전형적인 목소리 다섯만을 말하게 했다.

각각의 목소리는 어떻게 의견을 교환하는가

또다른 내적 대화를 구성해봤다. 각자 개성에 따른 의견 교환 방식을 보여주기 위해서다.

> 겁쟁이 : (독단론자에게)겁이 나서 죽겠어. 무슨 충고라도 좀 해줘봐. 3일 동안 도무지 집중을 할 수 없었어.
>
> 독단론자 : 그런 경우라면 한 가지 뿐이야. 전체적으로 차분해질 수 있도록 명상을 다시 시작하는 거야. 항상 자기 생각만 하고 있어서는 안 돼. 훨씬 더 힘든 문제를 가지고 있는 다른 사람들을 생각해봐. 아마 네가 억지로 지어낸 그 걱정들에 대해서도 감사하게 될 거야.
>
> 겁쟁이 : 그렇지만 내가 분명히 말했잖아, 모든 것은 나에게 너무 무리한 요구라고.

 해결책에는 어떤 게 있는가

해결책의 탐색 과정에서 가장 먼저 해야 할 일은 각각의 목소리에 걸맞는 날카로운 질문을 던지는 것이다.

> 겁쟁이에게 던지는 질문 : 스트레스를 줄이기 위해서 너에게 어떤 조치가 필요할까? 네가 창피함을 느끼지 않는 상황이 도대체 있기는 한거야?
> 독단론자에게 던지는 질문 : 네가 편안하게 봐 넘길 수 있는 부분이 있어?
> 모험가에게 던지는 질문 : 위험에 맞서는 네 용기를 다른 이들에게 전파할 수 있을까?

STEP 05 어떻게 조화로운 통합에 이르나

이제 다양한 목소리가 외치는 주장들을 하나로 통합시키는 방법에 대해 깊이 생각해 볼 시간이다. 앞에 든 예는 다음과 같은 통합을 시도하게 될 것이다.

겁쟁이는 조금 뒤로 물러서야 한다. 그 자리를 모험가가 맡는다. 그리고 독단론자가 전형적인 규율로 그를 보좌한다. 그렇게 하면 두 개의 목소리가 도움을 받는다. 조명을 두려워하는 수줍은 목소리는 사람들 사이에 기꺼이 나서게 될 것이고 비평가는 동기를 부여하는 긍정적인 목소리를 낼 것이다.

다양한 목소리들이 의견에 완전한 일치를 보는 일은 드물다.
때문에 다양한 목소리들을 억지로 하나에 통합하는 것보다 최대한 여러 목소리들이 참여하는 게 필요하다. 특정 목소리들만 선을 그어 배척해 지워버리지 않는 것이다. 각 목소리가 지닌 의미를 존중하고 가치를 인정하는 내면적 환경이 중요하다.

내면에서 벌어지는 토론이 위에 묘사했던 것처럼 질서정연하게 진행된 적이 있었는가? 무대에 등장하기 전에 사람들은 즉흥적이면서 무질서하게 오가는 생각들을 만난다. 나중에서야 비로소 그 생각들에 질서와 논리를 덧입히는 게 보통이다. 그러나 앞에서 언급한 내용들에는 질서와 논리가 있기에 사전에 생각을 정리하는데 도움을 줄 수 있을 것이라고 믿는다. 논리 구조에 맞춰 자신의 사고 과정을 분석할 때 의도적으로 사고의 흐름을 이끌어 갈 수 있다. 내면적 토론을 어떤 환경에서, 어떤 방식으로 진행할 것인지는 상황에 따라 얼마든지 달라질 수 있다. 조용한 방안에서 책상 앞에 앉아서, 글로 써서, 혹은 좋은 친구와 대화를 나누면서도 내면의 토론은 가능하다.

긍정적 자기표현

우리가 얼마나 자주 무대공포증을 불러오는 표현을 읊어대고 있는지 생각해 본 적이 있는가.

"난 무대에만 서면 항상 목이 쉬어."

"손이 또 떨리면 어떡하지."

"결국 자제력을 잃고 말 거야."

이런 말들은 자기의 미래에 대한 암시로서 정말 현실로 나타나기 쉽다. 무대공포증을 마주할 때는 평소 신념이 무엇보다 중요한 역할을 한다. 그러므로 무대 상황을 제 것으로 만들어 유지하는 데 도움이 되는 규칙을 만드는 것이다.

그 긍정적 사고의 첫 걸음은 바로 이런 말이다.

"나의 무대공포증을 인정한다. 그것은 나의 일부다. 있는 그대로를 받아들일 것이다. 그렇지만 또 다른 자기표현을 연습해 공포증으로부터 정신적인 거리를 둘 수 있다."

다음에 서술한 몇 가지 질문들은 긍정적이고 냉철한 자기표현을 유도하는 사고의 예다.

- ✓ 이 무대는 내게 어떤 의미인가?
- ✓ 나는 무엇을 전하려고 하는가?
- ✓ 과거의 경험 속에서 어떤 능력과 자원이 내게 도움이 되는가?
- ✓ 난 무엇을 기대하는가?
- ✓ 사람들은 내게서 무엇을 기대하는가?
- ✓ 무슨 새로운 것을 시도하고 싶은가?
- ✓ 내 용기를 어떻게 뒷받침할 수 있을까?
- ✓ 어떻게 하면 용감하고 도움이 되는 생각들을 떠올릴 수 있을까?
- ✓ 나는 나 스스로에게 어떤 도움말을 줄 수 있을까?

질문에 대한 답을 던지면서 다음과 같이 대응할 수 있다.

| 안정시켜주는 말을 사용하기 | "스스로 용기를 주면서 잘 설득하면 난 다 해낼 수 있어."
| 긍정적인 자기표현을 구축하기 | "나 자신을 믿어."
| 긍정적인 가능성을 강조하기 | "절대 내가 두려워하는 일은 생기지 않아."
| 고정된 사고방식을 유연하게 만들기 | "한 번 시도나 해보는 거야."

당신의 부정적이고 소모적인 태도에 맞서 긍정적인 그림을 그려보라. 필시 기존의 부정적인 사고들 가운데 많은 부분이 이미 습관화 됐거나, 그에 맞설 정도의 긍정적 사고를 하기 위해선 많은 노력이 필요할 정도로 마음을 무겁게 짓누르고 있을 것이다.

자신에 대한 의혹, 자기 의심이 최종적인 결정권을 행사하도록 허락하지 말라. 그들에 맞서는 상대자와 접촉하려고 시도하라. 다음과 같은 메시지를 전해줄 수 있는 당신 안의 용감한 자아를 만나기 위해 애써보라.

"너를 믿어라."

"다시 한 번 시도하라."

"무대공포증이 있다고 해도 확신을 가지고 무대에 오를 수 있다."

"새로운 것에 도전하라."

당신의 용감한 자아가 결정권을 갖기 위해선 연습이 필요하다. 그로 인해, 긍정적인 사고 과정이 습관화되면 신뢰감이 점차 증가해 우세한 위치에 서 있는 느낌을 갖게 될 것이다.

정신 훈련

정신 훈련은 특히 스포츠 분야에서 널리 쓰인다. 무대에 나서기 직전, 무대 위의 흐름을 머릿속으로 상상해 볼 때 이를 흔히 '정신적 리허설'이라고 부른다. 그것은 시각화 기술의 단순한 이용에 불과하지만 효과는 엄청나다.

정신 훈련은 말이 필요가 없는 생각 훈련이다. 공개적인 무대에 오르기 전에 그 무대의 성공적인 진행을 머릿속에서 최대한 자세히 그려보자. 이를 통해 불확실성과 자기 의심을 밀어내고 제거할 수 있다. 신체가 무대에 알맞도록 조정되는 효과를 누리는 것도 가능하다. 일반적으로 잘 알려진 정신 훈련 방법에는 세 가지가 있다.

| **내면적 인지** | 자신을 둘러싸고 벌어지는 상황의 시각으로 관찰하는 상상 형태다. 의도한 내용을 실행하고 있는 우리의 모습을 내 마음의 관점에서 바라보는 방법이다.

| **외면적 인지** | 청중이나 카메라의 관점에서 자기 자신을 관찰하는

방식의 상상 속 리허설이다.

| **근감각적 인지** | 움직일 때의 신체적 느낌을 실제로 떠올려 보는 상상 형태다.

상상력을 어떻게 활용할지와 관련해 정해진 규칙은 없다. 시각을 활용하든 근육의 느낌을 활용하든 다양한 형태의 상상 속 리허설들은 각자 장점을 가지고 있다. 청각, 촉각, 후각 등 더 많은 감각을 함께 활용하면 할수록 더욱 포괄적인 효과를 거둘 수 있다.

예를 들어 축구선수가 상상의 리허설을 이용한다면 경기장에서 뛰고 있는 자기 자신을 보고, 공의 울림을 들어야 한다. 달릴 때 신체의 느낌을 느끼면서 주위의 냄새도 맡아야 한다. 상상의 장면들은 앞으로의 활동에 맞춰 신체를 준비시킨다.

무대공포증을 현장감 있게 상상해보는 것도 무대 위에서 적응하는 데 도움을 준다. 연습이 되면 신체적인 통제 능력이 발전되는 것은 물론이고 태도자체를 긍정적인 감정에 맞게 변화시킬 수 있다.

마음속 화면

무대 위 상황을 상상할 때 '마음속 화면'을 활용해보자. 내면의 모니터라고 할 수 있는 이 기법은 정신으로 움직이는 가정용 영사기라고 할 수 있다. 이를 통해 시각화 능력을 발전시키는 게 가능하다. 우리는 전개될 수 있는 어떤 무대 상황이라도 화면 위에 과감히 그려볼 수 있다. 모든 상황에 아무 위험 없이 접근할 수 있도록 말이다. 실제로 무대에 대한 확신과 신뢰를 느낄 수 있을 때까지 리허설을 계속해 나가면 된다.

강연을 해야 한다면 마음속의 화면에서 미리 당당한 태도로 말하는 자신의 모습을 보여주자.

필요할 경우엔 화면을 고속으로, 혹은 슬로우비디오로 움직여도 좋을 것이고, 확대하고 축소하는 작업도 얼마든지 가능하다. 이런 방식으로 우리는 긍정적인 문제 해결을 떠올리고 실험해 볼 수 있는 자기 자신만의 사고 방식을 만들어낼 수 있다.

정신적 공간 창조하기

정신 훈련은 상상 속 무대 위 상황이 일단은 그냥 흘러가도록 하되 문제가 있다면 그것을 수정하는 역할을 할 수 있다. 거기서 그치지 않는다. 자신만의 '정신적 공간'을 만들어 내기도 한다. 이는 정신적으로 자신을 강화하려할 때 한 발 물러나서 힘을 기를 수 있는 공간이다. 이를 위해 먼저 신체적인 이완 상태를 이루는 게 좋다.

정신적 공간을 창조하는 정신 훈련을 위한 첫 번째 단계는 긴장과 이완 상태의 차이를 인지하는 것이다. 근육 하나하나를 긴장시킨 후 다시 이완시켜 보자. 둘 사이 차이를 정확하게 느껴보기 위해서다. 두 번째 단계는 왼쪽 주먹을 꾹 쥐어 근육을 수축시키면서 동시에 깊이 숨을 들이 쉬고 호흡을 멈추는 동작으로 시작된다. 다음엔 호흡을 뱉으면서 근육을 이완시킨다. 이 동작은 이완 상태를 유발하는 전원장치가 될 수 있다. 반복 연습해 활용해야 한다. 긴장과 이완 사이의 차이를 쉽게 인식할 수 있다면 완전히 다른 차원의 이완 상태를 경험하는 게 가능해진다. 그것은 휴식, 안정, 신뢰, 믿음과 같은 긍정적인 심리 상태들이 복합적으로 나타나는 상태다. 이는 신체적으로 이완된 상태의 따스하고 편안한 무게감을 수반한다. 이때 숨을 내쉬는 행위가 신체적 이완 상태와 그와 동반되는 느낌들을 함께 유도하기 위한 촉발 수단이 될 수 있다.

신체적 이완 상태를 배우고 익힌 이후에는 '느긋하게', '침착하게', '편안하게', '자신 있게'와 같은 키워드를 속으로 되내며 말하는 연습을 하는 것도 좋다.

아래쪽으로 내려가는 계단이나 엘리베이터 혹은 물이 떨어지는 것을 표현한 그림들을 사용할 수도 있다. 그런 그림들은 신체, 정신 그리고 영혼 사이의 경계를 녹여낸다. 그래서 공간과 시간에서 벗어나 자연스럽게 흘러가는 느낌과 멋진 해방감을 선사한다.

이렇게 유도된 자기 최면 상태는 '내면의 정신 공간'에 닻을 내린다. 쾌적하고 따스한 내적 공간의 모습을 포괄적으로 그려내는 것이다. 그리고 바로 그 공간에서 모든 행동이 수행될 수 있다.

긍정의 암시

'너무 서두르지 않기' 혹은 '더 빨라지지 않기'로 마음먹은 한 피아니스트는 엉뚱하게도 원치 않는 행동을 하고 만다. 서두르면서 더 빠르게 피아노를 치게 되는 것이다.

이유가 무엇일까?

부정적인 표현과 함께 나온 내용이 무의식중에 피할 수 없는 사실로 받아들여지기 때문이다. 언어는 감정을 형성한다. 무대공포에 있어선 두려움을 야기하는 상황들을 미리부터 느끼도록 만든다. 최악의 경우 자기가 무능력하고, 무기력하며 다른 사람들보다 가치가 없다고 스스로를 설득해 그렇게 믿게 만든다. 부정적인 언어를 이용해서 말이다.

인생의 무대 위에서 최선을 다하지 못하도록 만드는 특정한 표현들이 있다.

"난 해낼 수 없어."

"다른 사람들이 나보다 더 잘해"

"다른 사람들은 어차피 나를 싫어해."

"난 항상 당황해서 어쩔 줄 모르잖아."

"어차피 내 말은 듣지도 않을 거야." "모두가 나를 무시해."

이런 언어 표현은 빨리 개선되어야 한다.

당신의 언어를 주의 깊게 관찰해 수행능력을 저해하는 표현을 바꾸면 긍정적인 에너지가 된다. 아래처럼 말이다.

"난 해낼 수 없어."라고 하는 대신에 이렇게 말하라.
"준비만 잘 한다면 난 해낼 수 있어."

"난 실패자야."라고 하는 대신에 이렇게 말하라.
"난 다시 한 번 시도할 거야."

"난 할 수 없어."라고 하는 대신에 이렇게 말하라.
"난 하고 싶지 않아."

"난 그렇게 해야만 해."라고 하는 대신에 이렇게 말하라.
"난 그렇게 하고 싶어." 혹은 "난 그렇게 하겠어."

긍정적인 표현들은 자연스럽게 느껴질 정도로 꾸준히 사용해야 한다. 그래야 변화를 가져다 주는 공명 효과가 나타난다. 당신의 언어습관이 변했다는 것을 주위에서 알게되면 타인들도 당신에게 긍정적인 대답들을 해줄 것이다. 그에 앞서 내가 상황을 통제하고 있다는 인식을 자신에게 심어라. 아래처럼 말이다.
"나는 그것을 하기로 결정했다."
"난 시간이 있다."
"난 선택한다."
보다 긍정적인 언어 표현을 위해 '문제'라는 단어를 언제나 '학습과제'로 대체하라. 또, 자의식이 뚜렷하고 자신감이 강한 사람들의 말을 주의 깊게 관찰해 따라해 보는 것도 좋다.

친구나 지인을 만나면 당신 자신과 상대방이 사용하는 어휘 양쪽 모두를 관심을 가지고 관찰하라. 당신의 생각이 통제에서 벗어났다가 생각되면 즉시 그 흐름을 중단하고 의도한 긍정적인 문장들을 떠올려라.

또 그 문장들을 천천히 반복하라. 당신의 생각이 부적절한 사고 흐름으로 '달아나 버리는 일'을 막아야 한다. 다른 사람들과 대화를 나눌 때도 이런 방법을 쓸 수 있다. 문장을 쓰는 것은 그냥 그 문장을 머릿속에 넣어두는 것보다 더욱 강력하게 사고에 영향을 미친다. 따라서 긍정적인 의미의 문장들을 기록해 메모장이나 책상에 꽂아두는 것은 특별한 도움이 된다. 예를 들어보자.

> 무대공포증은 금세 왔다가 지나간다.
> 나는 언제든 용기를 낼 수 있다.
> 무대공포증이 찾아와도 난 경쟁력을 발휘한다.
> 난 나의 능력과 지식, 그리고 숙련도와 재능을 믿는다.

긍정적인 문장들을 매일 반복해 말하면 시간이 흐르면서 마치 피와 살처럼 자기의 일부가 된다. 잠들기 전에 문장들을 한 번 반복해서 말해보는 것도 좋은 습관이다. 무의식이 지배하는 꿈의 세계까지 긍정적인 사고방식과 자신감이 이어지기 때문이다.

걱정 ABC

목록 작성을 즐기는 사람이라면 무대에 오르면서 생기는 모든 문제들을 목록으로 작성해보길 추천한다. 불안감, 절망감과 압박감을 느끼게 만드는 모든 것들을 목록에 기입하는 것이다. 중요한 문제들 앞에는 A로 표시하고, 가장 덜 중요한 문제 앞에는 C를 적는다.

A로 분류된 항목부터 시작하자. 그런 다음 문제 해결을 위해 적절하다고 생각하는 방법을 기록한다. 간단한 예를 들어보자. a)는 정보 구하기, b)는 조언 구하기, c)는 자기 아이디어 실천하기 d)는 해결할 수 없는 문제, 이런 식이다. 목록이 정리되면 더 이상 당신은 옴짝달싹 할 수 없는 딜레마 속에서 허우적대지 않고 다시금 맑고 명쾌한 머리로 생각할 수 있게 될 것이다.

유머와 여유

유머는 부정적인 태도와 정반대에 서 있다. 그렇다고 무대 위 능력에 대한 냉정한 평가를 부인하지 않는다. 다만 그 평가를 적극 변화시키려 노력하게 만들 뿐이다. 유머는 자기 자신의 상황을 객관적인 시선으로 관찰하기 위해 자기로부터 거리를 두는 중요한 수단이다. 내면의 자유에 이르기 위한 가장 중요한 열쇠이기도 하다. 그 효과를 통해 유머는 무대공포증에 대해 효과적인 완충작용을 해낸다. 나아가 유머는 지혜로운 면도 가지고 있다. 자신의 부족함을 견딜 수 있는 수준으로 만들고, 힘든 위기를 조금 더 가볍게 느끼게 해준다. 과거를 돌아보며 두려움을 보다 차분하게 관찰하게 만든다. 유머는 주로 세 가지로 작용한다.

✓ **강해지라는 명령에서 해방되는 수단**
"항상 강하고 확신 넘치는 인물이어야 하는 것은 아니다."

✓ **이해와 해석의 수단**
"내 안에서 일어나는 모든 감정을 바깥에서 보는 시선으로 관찰할 수 있다."

✓ **자기평가 기준의 완화 수단**
"나는 내 실수나 약점을 받아들일 수 있다. 그런 실수나 약점을 가지고 있다고 해서 내가 가치 없다는 뜻은 아니기 때문이다. 내가 부족하다는 점은 인정한다. 그것도 역시 나의 일부, 나 자신이니까."

무대 등장 전에 자신을 상대화하는 것은 무대공포증에 느긋하게 대처하는데 도움이 된다. 여기서 상대화가 의미하는 것은 상황에 대한 과도한 평가에서 벗어나는 길이며 고통에 사로잡혀 꼼짝 못하는 상황에서 벗어나는 방법이다. 무대에서 벌어질 실수나 실패를 상상해 두려워하는 습관을 벗어버리는 방도이기도 하다. 또한 고립된 상태에서 벗어나는 수단도 된다.

유머 활용의 핵심은 무대 위에서의 마음가짐을 평정으로 유지한다는 것이다. 유머에는 특별한 능력이 있다. 무대에 서는 일이 대단히 어렵고 엄청나게 중요하다는 환상을 품으면서 겪게 되는 부담과 압박을 덜어주는 것이다 유머를 통해 우리는 열성을 다해 준비했어도 계속해서 발생할 수 있는 무대 위의 잘못에 대해 스스로 관대한 자세를 가질 수 있다. 아무리 노력했어도 저지를 수 있는 실수에 대해 알고 있다는 것만으로 무대공포증은 이미 한결 완화될 수 있다.

자신의 약점을 다음과 같은 자세로 인정하자.
'또 다시 넘어지고, 머뭇거리고, 어리벙벙해지고, 할 말을 잊어버리고 입이 딱 막혀 버린다고 해도 문제될 것 하나도 없어. 그런다고 내가 당장 어떻게 되는 것도 아니고.'

연설을 하던 연주나 연극을 하던 실수를 범했을 때 허둥지둥 바쁘게 고칠 필요는 없다. 차라리 그냥 웃어넘겨라. 웃음은 더욱 쉽게 다가가고, 다른 사람들과 공명을 일으킨다.

과거에 두려웠던 상황을 생각하면서 그 장면이 당신의 환상 속에서 비누거품이 되는 것을 상상해보는 것도 좋다. 그 거품을 멀리 불어내면서 그것이 멀어지는 모습을 계속해서 바라보라. 거품은 점점 작아져 결국 지평선 너머로 사라지고 만다. 상상 속에 존재하는 '수다 상자'란 물건을 이용해보는 것도 괜찮다. 그 안에는 당신을 괴롭히는 내면의 목소리들이 들어 있다. 무대에 오르기 전 머릿속에서 상자 뚜껑을 힘차게 닫아라. 혹은 통을 비워버리는 장면을 떠올려 볼 수도 있다. 이때 최소한 짧은 시간이나마 당신 내면의 '귀찮은 존재들'로부터 숨 돌릴 시간을 얻게 된다.

서류철 하나에 〈한심한 생각 모음집〉이라는 제목을 붙여보고 활용해보는 방법도 권할 수 있다. 당신이 지닌 크고 작은 '재앙'들을 꼼꼼하게 기록해보자. 반복해서 읽으면 재미나고 즐거운 경험이 될 것이다.

무대에서는 역설적으로 실수가 오히려 긴장을 푸는 효과를 발휘할 수 있다. 실제로 내가 아는 음악가들은 종종 실수 이후의 긴장 해소에 대해 고백하곤 한다.

실수에 대한 유머러스한 언급은 최고가 되고, 압도적이어야 한다는 광적인 욕망에 저항하는데 효과적인 수단이다. 무대 위의 모든 것 나아가 인생의 모든 것을 통제하려고 하고 지배해야 한다는 억지스런 환상에 맞서기 위한 무기이기도 하다. 성과에 목을 맨다거나 공명심에 사로잡힌 사람들은 잘 웃지 않는다. 그들에게는 자기 상대화에 대한 자유가 결여되어 있기 때문이다.

유머는 스스로 만든 삶의 무게를 줄여준다. 지나치게 과장된 자기 이미지로부터 '실제 존재하는 자기'로 귀환하는 작업이 이루어지는 것이다. 실패에 대한 두려움, 인정받지 못할까 하는 공포에 사로잡히지 않게 되면, 오히려 더 높은 목표를 위한 동기와 의욕이 힘을 얻을 수 있다.

게다가 유머를 연습하면 무대 위에서의 '심각한 상황'에 적절히 대응할 수 있다.

'실수만은 절대 하지 말자'와 같은 결의가 마음 속에 불쑥 올라온다면 자신에게 이렇게 되묻자.

"실수 좀 한다고 그게 그렇게 큰 문제겠어?"

실수에 대한 내성을 서서히 연습해 나가는 데 있어 특별한 표어 하나쯤 갖고 있는 건 큰 도움이 된다. 일례로 "난 내 실수에 대해서 뭘요 일에만, 그것도 한 달에 한 번만 화가 나."와 같은 말을 들 수 있다.

일부러 작은 실수 하나쯤 해보는 것도 나쁠 게 없다. 의도적으로 우스꽝스럽고 혹은 만화 같은 실수를 보여주는 것이다. 터져 나오는 웃음만으로 몸과 마음이 과도한 긴장에서 벗어나는 효과가 있다.

청중은 실수를 좋아한다. 언제나 완벽하겠다는 꿈과 이상은 그만 날려 보내라. 대신에 우리가 발전할 수 있는 기회에 집중하자.

감정조절

감정 조절은 무대공포증을 겪는 사람들이 가장 어렵게 느끼는 부분이다.

감정은 이른바 '관찰하는 자아'의 전투능력을 상실하게 만든다. 또, 당혹과 경악의 언어를 수반한다. 우리가 서 있는 무대가 목숨을 위협할만큼 무척 중요하다고 강조하면서 말이다.

물론 감정이 없다면 우리는 로봇처럼 매사에 냉담할 것이다. 발전의 기회도 찾을 수 없다. 그만큼 감정은 무대에 오르기 위해 무엇보다 중요하고 필수적인 요소다. 다만 그것이 과할 때가 문제다.

감정이 우리를 지배해버리게 되면 우리는 거기에 휩쓸리고 만다. 때문에 로베르토 아사지올리_{Roberto assagioli, 이탈리아 출생의 심리학자, 정신과 의사로 심리통합학(Psychosynthesis)의 창시자}의 말은 우리에게 아주 중요한 교훈으로 다가온다.

"당신의 감정이 당신을 따라야 한다." _{당신이 당신의 감정을 따르는 것이 아니라.}

감정을 올바로 다루거나 대할 수 없다면 우리에게는 그 감정을 잊어버리거나 부인하거나 무시하는 길 밖에 남지 않는다. 실제로 우리는 편향된 생각과 불쾌한 감정을 그렇게 대한다. 그 뒤에는 두려움이 숨어 있다. 부정적인 감정들에 매달리게 되면 우리는 그들에게 휩쓸리고 지배받게 된다. 자신에 대한 통제력까지 잃는 상황이 이어진다.

문제는 그 감정들이 매복한 상태에서 더욱 강력한 영향력을 행사한다는 사실이다. 그들은 자기 자신을 숨긴 채 간접적인 방법으로 우리를 한심하고 열등하다고 여기게 만든다. 이 때 우리는 '멍청하다'재능이 부족하다, '정신과 육체가 병들고 비정상적이다'건강 상으로 약하다, 또는 '악하고, 비난받아 마땅하고 인간적으로 부족하다'윤리적 문제가 있다고 느낀다. 앞에서 언급했듯이 생각은 현실을 만든다. 이와 더불어 감정 역시 함께 현실을 만드는 데 동조하는 게 사실이다. 감정은 일종의 신호다. 그것을 바깥에 보이는 모습에는 개인적 차이가 있지만 누구나 이를 뚜렷이 느낀다. 그 감정을 밀어내거나 무시해버리려 한다면 우리에게 압력을 가하기 시작한다. 예기치 않은 동작을 하면서 결국 폭발하고 마는 것이다. 이런 감정의 힘은 우리 자신은 물론 타인까지 괴롭힌다. 일상에서 흔히 찾을 수 있는 다음의 예를 보자.

case 01
언제나 잘나 보이고 싶어 하는 한 여학생이 독일어 선생님에게 심한 두려움을 느끼고 있다. 그런 약한 마음을 스스로 인정하고 싶지는 않다. 그래서 여학생은 공연히 목소리를 높이면서 말한다. 하지만 선생님에게 발끈해서 덤비는 자기 모습에 항상 불쾌감을 느낀다.

case 02 어느 피아노 교사는 자기가 가르치는 한 여학생을 대하면서 항상 불안하고 초조하다. 실력이 뛰어난 그 여학생에게 압도당하는 느낌이 든다. 그러나 교사로서 권위는 지키고 싶다. 비겁하게 보이고 싶지 않다. 결국 자신의 불안감을 무시하고 그 여학생을 특별히 '모질게' 대한다.

case 03 건강이 약해졌다고 느끼는 한 강연자는 자신의 상태를 '보잘 것 없으며 한심하다'고 느낀다. 그는 이빨을 꾹 깨물고 억지로 역동적이고 자신만만한 모습을 보여준다. 물론, 연기다.

위 세 가지 예에서 본인의 진짜 감정은 무시되거나 거부된다. 당사자들의 내면 규칙이나 규정에 어긋나기 때문이다. 어떤 모습이어야 한다거나, 어떤 사람이어야 한다는 관념이 그 규정들을 지배한다. 이는 감정을 받아들이는 것은 물론이고 그것과 맞서는 것까지 금지하곤 한다. 그래서 우리는 감정을 밀어내거나 잊어야 한다고 느낀다. 그렇지 않을 경우 우리가 감정을 통제할 수 없을까 두렵기 때문이다. 그러나 사실은 정반대이다. 감정은 꼭 필요하면서 환영해야 하는 대상이다. 감정은 삶의 에너지를 깨워내고 인생의 무대 위에 생동감과 활력을 불어넣는다.

논리에만 매달려 감정을 다루는 유형이라면 그 습관을 바꾸기가 자첫 혼란스럽고 낯설 수 있다. 하지만 익숙한 습관을 버리고 인내의 시간을 받아들여야 한다. 수년 동안 지시를 받으면 살았던 사람, 다시 말해 머리의 조종을 받으면 살았던 사람은 새로운 자유에 적응할 만큼 성장하는 데 시간이 걸린다. 그 과정에는 조그만 자극에 과도한 반응을 보이거나 어색한 기분에 사로잡힐 수도 있다. 무대공포증에 관련된 다양한 감정을 태연히 마주할 만큼 자연스런 동료가 되지 못했다면, 한바탕 소용돌이는 각오해야 한다. 이때 호기심과 관용, 그리고 실험정신이 풍부한 자세만이 도움을 줄 수 있다. 다음에 소개할 훈련들은 그 자세를 학습하기 위한 통로가 된다. 열심히 도전해보기를 바란다.

| 감정 긍정하기 |

무대공포증의 감정 흐름에 허우적대지 말고 우선은 그 존재를 인정해야 한다. 그래야 두려움에서 도망치는 대신, 그 감정을 자신을 위해 긍정적으로 이용할 수 있다. 감정을 받아들이는 일은 이제까지 두려움에 묶여 있던 힘을 자유롭게 풀어놓는 것과 같다. 두려움의 체험을 몸으로 받아들이고, 그 감정이 무엇을 전하려고 하는지를 인지하는 게 중요하다. 사람들 앞에서 공포심과 마주할 때 일종의 흥분감을 느끼게 될 것이다. 심장이 거칠게 뛰고, 잔뜩 긴장이 되거나, 위장이 뒤틀리는 느낌이 그것이다. 우리는 이런 감정을 불쾌하고, 걱정스럽게 생각한다. 심지어 그것을 약점으로 받아들인다. 그 감정에 부정적인 이름표를 붙이는 대신에 그것을 자극으로 받아들이고 또렷하게 인지하려고 시도하라. 이 과정에 우리에게 올라오는 감정들을 어느 정도 즐길 수도 있을 것이다.

| 느낌 강화하기 |

긴장감을 느슨하게 풀거나 피하는 대신 그 반대를 시도해 보자. 긴장감을 오히려 더 확대해보란 말이다.

예를 들어 손이 떨리는 것을 느낀다면 그 떨림을 강화해보자! 할 수 있는 최대한으로 심하게 떨어보라. 근육이 긴장되는 것을 느낀다면 그 근육 부위를 더 긴장시켜보자. 손이 차갑다고 느껴질 때도 마찬가지다. 차가운 느낌에 집중하고 손이 더 차가워진다고 상상해보라.

이번엔 느낌을 과장해서 몸으로 표현해보라. 예를 들자면, 어떤 음이든 느낌에 맞는 소리를 만들어 본다. 느낌이나 감정을 강화하면 현재 경험이 주는 느낌을 나와 일체화할 수 있다. 그 체험을 나의 것으로 인정해 깊이를 더하는 작업인 셈이다. 그 노력 속에서 우리는 더 이상 특정한 느낌이나 감정의 희생자가 아니라, 그것을 가지고 실험하고 움직이는 주체가 된다. 우리를 거리를 두고 관찰하되 참여하고 행동하는 위치에 있게 하는 것이다. 동시에 우리는 무대공포증이 자아내는 느낌과 감정에 참여하는 관찰자가 된다. 헬무트 프레스너 Helmuth Plessner, 독일의 철학자이자 사회학자. 본성의 논리적 해석에 기초한 '철학적 인간학'의 주창자로 인정받고 있다가 서술했던 것처럼 '괴상하게 보일 수도 있는 위치'에서 우리의 느낌이나 감정을 대면하고, 그럼으로써 더 이상 느낌에 휩쓸리지 않게 되는 것이다.

동시에 이제까지 부정적으로만 판단했던 무대공포증의 여러 느낌과 감정을 인정하고 받아들이도록 자신을 열어보자. 감정 수용 자체가 새로운 감정으로 이어진다는 것을 깨닫게 될 것이다. 느낌과 감정은 쉴 새 없이 바뀐다. 우리를 찾아온 감정이 우리 곁에서 움직이는 동안 그 모습 그대로를 허락하도록 하자. 감정의 움직임을 억누르지 말라. 감정은 당신이 인지하고 인정해주기를 바라고 있다!

두려움의 감정을 의도적으로 끌어 오거나 과장하려는 노력은 이런 감정이 쉽게 조절 가능하다는 경험과 이에 대한 자신감을 안겨준다. 어떤 감정을 과장할 수 있다면 그것에 영향을 미치고 변화시킬 수 있다는 뜻이다. 때문에 이를 약화시키는 것도 가능하다는 결론이다. 과장은 역설적으로 방해가 되는 증상을 약화시키는 효과로 이어진다. 느낌에 대해 마음을 열면 놀랍게도 신체가 더욱 쉽게 긴장을 이완하고 목표를 향해 움직일 수 있는 상태가 시작된다.

다음의 세 가지 예는 불쾌한 느낌과 감정을 강화함으로써 도리어 그것을 변화시키는 과정을 보여준다.

두려움 때문에 무릎이 바들바들 떨리고 있다. 이렇게 말해보자.
"무릎이 더 많이 떨려야 한다."
무릎 떨림이 또렷하게 느껴지도록 떨림을 과장하고 강화한다. 과장이 정확하게 반대로 작용한다는 것에 놀라게 될 것이다. 떨림을 억누르지 않고 허용하고 과장하는 것은 신체가 다시 이완될 수 있는 상태를 조성한다.

case 02 두려움 때문에 얼굴이 붉어지고 있다. 이 때 이렇게 말한다.

"내 뺨이 점점 더 붉어지겠구나. 불이라도 난 것처럼 새빨갛게 달아오르겠어."

거울을 바라보고 얼굴색을 바라보라. 어떤 모습이 보이는가?

case 03 두려움 때문에 목소리가 나오지 않는다. 이렇게 말해보자.

"난 일부러 나직하게 말하고 있어. 거의 소리가 나오지 않을 때까지 더 작게 말해야지."

그렇게 약해진 목소리를 과장해본다. 일부러 두려움을 끌고 오는 것이 얼마나 힘든 일인지 놀라게 될 것이다. 과장의 원칙은 놀랍게도 당신의 목소리에 다시 생기를 불어넣어 우렁차게 울리도록 만들 것이다.

| 불쾌한 느낌에 자신을 내맡기기 |

한 걸음 앞으로 나아가 당신의 두려움과 직접 마주하고 싶다면 무대공포증의 불쾌한 느낌을 있는 그대로 받아들여라. 이제까지는 항상 밀어내고 거부해왔던 내면의 그림을 있는 그대로 만나봐라! 무엇이 나타나는가? 한 가지 예를 들어보자.

case 자유 토론을 아주 곤혹스럽게 여기는 한 여자 시의원이 있다. 어느 날 토론 중에 갑자기 크게 히죽거리면서 비웃는 얼굴이 보인다. 마치 그녀를 무시하듯 바라보고 있다. 그때 그녀의 감정이 말한다.

"정말 굴욕적이다."

바로 이런 식의 감정에 몸을 그냥 맡겨보자. '불쾌함'이 서서히 퍼져 갈 수 있도록. 그 느낌에 귀를 기울이듯 바라보고 느껴보는 것이다. 아마도 신체의 느낌이나 관념에 변화가 생길 것이다. 이를 통해 당신의 감정이 충분히 농축된다면, 증세가 시작된 원인도 운 좋게 발견할 수 있다. 스스로에게 이렇게 물어보자.

"불쾌한 느낌의 중심에는 무엇이 있는가?"

"이 아프고, 짜증나고, 무기력하고, 두려운 감정은 무엇을 원하는 걸까?"

"이 감정이 강하게 나타나는 이유는 무엇일까?"

"이 상황에서 어떻게 창의력을 발휘할 수 있을까?"

"과거에 이런 불쾌감을 대할 때 도움이 되었던 건 무엇인가?"

| 감정과의 대면 |

동기부여 차원에서 감정에 대한 한가지 모토를 소개하고 싶다.
"무대공포증을 억누르지 말라, 그러나 그것에 굴복하지도 말라."

이런 태도는 게슈탈트 심리치료로 효력이 검증된다. 게슈탈트 심리치료의 창시자인 라우라 페를스Laura Perls와 프리츠 페를스Fritz Perls는 일찍이 프로이트 이론을 수용했다. 사람 안에서 다양한 실체적 존재가 공존하면서 다투고 있다는 기본 생각이다. 페를스 부부의 이론이 가진 진일보한 면은 우리 내부의 실체적 존재간의 다툼을 무대 위로 생생하게 옮겨 놓는다는 데에 있다. 내면의 존재들은 각 상대에게 토론을 위한 의자를 내준다. 물론 자신도 의자에 앉는다. 임시로 동질화돼 상호간에 대화를 하기 위해서다. 무대공포증의 경우 이를 응용한 방법은 그 효과가 충분히 입증됐다.

그런 의미에서 혼자서 실천해볼 수 있는 변형된 방법을 제안하고 싶다. 의자 하나를 앞에 놓아둔다. 무대공포증을 위한 자리다. 마주해서 의자 하나를 놓고 거기 앉는다. 이제 당신의 무대공포증과 대화를 나눠보자.

"왜 거기 있는 거야?"

"나에게서 뭘 원하는 거지?"

"나에게 말하고 싶은 게 뭐야?"

"지금 내게 필요한 게 뭐라고 생각하니?"

무대공포증과 관련한 당신 내면의 느낌과 감정을 모두 쏟아내고 이제 무대공포증의 자리로 옮겨 앉는다. 당신이 무대공포증의 역할을 맡아 당신 자신에게 말하게 하는 것이다. 그리고 나서 다시 당신의 의자로 옮겨 온다. 자리는 원하는 만큼 여러 번 옮길 수 있다. 대략 10분 후엔 소리 내어 "중지"라고 말하고 대화를 처음부터 다시 한 번 음미하며 따라가 보자. 아마 당신 내면의 존재들이 다툼을 극복하고 서로가 '팀'으로 인정하는 때가 올 것이다.

창의적인 대응법

경험에 따르면 사람들은 내면의 감정을 전환하는 속도에 커다란 차이를 보인다. 그 속도가 느린 사람들에게는 훈련과정을 그에 맞게 조정해야 한다. 이들은 빠르고 효과적으로 두려움을 제어하지 못하기에 개인에 맞는 리듬과 시간 여유가 필요하다. 그렇기에 이제까지 기술했던 내용과는 다른 각도에서 종이와 색깔을 이용한 훈련으로 무대공포증에 접근해보는 게 좋다.

우선 최소한 30분 정도 시간을 갖고 당신이 가진 무대공포증 모습을 그려보자. 예술적인 그림까지 요구하는 게 아니다. 그저 개인적인 느낌을 간단히 표현하는 것으로 족하다. 상징물이나 형태, 선 몇 개로 쓱쓱 그린 사람, 색깔, 구체적인 장면, 문단 테두리를 장식하는 그림 등 어떤 것을 선택한다 해도 상관없다. 그림의 기본 재료로 크레용과 커다란 A2 크기 종이 혹은 커다란 벽지를 추천한다.

무대공포를 극복하는데 유용한 다른 방법도 존재한다. 하나씩 살펴본다.

| 무대공포증 그리기 |

눈을 감고 무대공포증과 접촉을 시도해보자. 이미 지나갔거나 앞으로 부딪혀야 하는 무대 상황에 대해 상상하는 것이다. 그리고 그 모습을 내면의 눈앞으로 끌어오도록 하자. 당신의 감정이 최고조로 나타나

는 자리에서 상상을 멈추고 내면의 인지력을 집중시킨다. 어떤 모습인가? 당신 안에서 무엇이 펼쳐지는지 생각해보자. 바라본 그림이 이제 팔을 따라 내려가 손으로 흘러간다고 상상한다.

이제 눈을 뜨고 크레용을 잡고 당신의 무대공포증을 그려보자. 상상 속 장면에 대한 심상을 눈에 보이도록 만들고, 그 그림과 접촉해 당신 내면의 공명을 느껴보라. 그 색깔과 형태가 어떻게 느껴지는가? 그림 분위기는 어떤가?

지금까지 보지 못한 새로운 표현을 발견했는가? 그렇다면 당신은 무대공포증을 극복하는데 한 걸음 더 가까이 갔다. 그림으로 표현된 감정들은 더욱 깊은 인상을 만든다. 언어만 이용할 때보다 이해하기도 쉽다. 자기 인지의 형태로서 그림 그리기는 감정으로 접근하는 통로를 여는 것에 그치지 않는다. 두려움을 바라보는 시각과 시점까지 함께 변한다.

| 새로운 관점 만들기 |

이번에는 두 장의 커다란 종이와 크레용을 준비하자. 종이 한 장에는 '나의 무대공포증'이라는 제목을 적고, 다른 한 장에는 '내 내면의 강점'이라고 적어둔다. 각각의 제목에 맞게 내면에서 떠오르는 이미지를 그리고 싶은 그대로 표현하라. 최대한 활기차면서 즉흥적으로 각 제목에 맞는 그림을 그리자. 두 장의 그림을 비교하면서 그림의 인상이 자연스럽게 당신 자신에게 전달되도록 해보라. 당신이 가진 새로운

측면을 발견했는가?

다음엔 미세하지만 특별한 부분이나 분위기를 잡아서 다른 종이 위에 '확대'하는 작업에 돌입한다. 이제까지 의식할 수 없었던 것에 대한 윤곽을 잡아 새롭게 인식할 수 있다.

| 두려움과 즐거움의 콜라주 |

시간이 충분하다면 콜라주를 만들어 내면의 감정이 보여주는 역동적인 움직임을 표현할 수 있다. 지난 잡지들에서 눈에 띄는 그림, 문장, 문구들을 오려내고, 그 조각들을 당신의 무대공포증을 표현하는 데 사용해보자. 먼저 커다란 종이를 두 개 영역으로 나누어 한쪽은 '두려운 느낌', 다른 쪽은 '즐거운 느낌'으로 정한다. 이후엔 적당한 위치에 알맞은 조각들을 붙인다. 각 영역에 그 감정에 어울리는 글과 그림을 붙이자. 그렇게 완성된 콜라주를 감상하면서 자신에게 미치는 영향을 느껴보라. 집 안 적당한 자리에 방금 당신이 그린 '예술작품'을 걸어놓는 것도 좋다.

| 감성적 에너지 방출하기 |

다음 훈련은 감정의 인지 능력을 예리하게 만드는 데 중점을 둔다. 우리의 근육은 감성적 체험이 주는 인상을 담아 보존한다. 근육이 이완되지 못한 상태에선 감성이 자신을 제대로 표현할 만큼 자유롭지 못

하다. 의자에 앉아 신체를 따라 감성 영역으로 들어가 보자. 여기에 긴장감이 존재하는지 점검하라. 근육이 긴장된 느낌이라면 서서히 움직이면서 몸을 이완시키자. 이젠 가슴 속부터 '아'하는 소리를 천천히 길게 내본다. 이 소리로 우리 감성은 자신이 표현될 수 있는 길을 찾는다. 근육을 이완시킨다는 일념은 계속 돼야한다. 그렇지 않으면 음을 이용하는 방법은 아무 효과가 없다.

설명한 방법으로 감성적 에너지가 방출되지 않는 경우엔 온 힘을 실어서 폭발하듯이 격렬한 소리를 터뜨려보는 것도 좋은 방법이다.

| 두드리기를 이용한 감정 표현 방법 |

음악을 그림보다 친숙하게 느끼는 사람들은 음악적 요법으로 내면의 감정과 소통할 수 있다.

그 방법 중 하나가 두드리기다. 몸이나 악기를 두드리며 자신이 가진 무대공포증의 '음악'을 만들어 보라. 손으로 무엇인가를 두드려보면 머리만 쓰는 것보다 더 많은 것을 알게 될 때가 있다.

작은 북을 하나 장만해 자신이 만든 '무대공포증 리듬'을 연주해 보는 것도 좋다. 연주를 하면서 그 소리에 완전히 집중해 귀를 기울여보라. 깊이 숨을 들이쉬면서 북소리가 몸 안으로 흘러들어 신체의 세포 하나하나를 새로운 에너지와 활력으로 채우는 모습을 상상해보자. 저절로 흥에 겨워 춤을 추기 시작할 때까지 계속 두드린다. 방해가 되는 생각이 떠오르면 춤을 추면서 그것을 그냥 벗어버려라.

부글부글 끓어오르는 감정은 애매모호한 경우가 많다. 두드리는 소리를 통해 감정은 바깥으로 나오는 길을 찾고 그것은 또다시 소리로 변신한다. 두드리는 속도와 볼륨은 당신이 결정할 몫이다.

| 흥얼거려서 두려움 지워버리기 |

무대에 나서기 전에 긴장을 푸는 아주 간단한 방법이 있다. 아기를 달래줄 때 모든 엄마들이 직관적으로 하는 일이다. 노래를 부르거나 멜로디를 흥얼거리는 게 바로 그것이다. 어떤 테니스 선수들은 멜로디를 흥얼거리면서 호흡을 서브를 넣는 순간과 거의 일치시킨다. 그럴 경우 보다 완벽한 서브를 구사할 수 있다고 한다. 임의의 멜로디를 선택해 흥얼거리면서 그 멜로디의 울림이 주는 안정감에 빠져 들어보라. 그렇게 호흡을 편안하게 흐르도록 하라. 흥얼거리는 음정 하나하나가 당신의 두려움을 지워버리는 모습을 상상해 본다.

chapter 4

무대 즐기기

자신감 있는 태도, 일치된 동작과 표정은
그 같은 감정을 실제로 불러낸다. '마치 그런 것처럼
행동하는 것'의 효과는 외부로부터 안으로 진행된다.
우리는 우리가 그렇다고 상상하는 바로 그 모습이 된다.
자기 암시는 단순한 상상이 아니라 자신의
잠재력이 발휘되도록 끌어내는 방법이다.

무대 위의
자부심

무대 위에 올라 우리가 해야 할 일은 성과나 능력, 제품의 기능 따위를 뽐내고 빛내는 것뿐만이 아니다. 우리가 지닌 면모와 개성도 함께 보여줘야 한다.

사람들 앞에 서는 일은 개인에 따라 기회이면서 위험한 사건이다. 개인의 발전이 개인적인 일로 그치지 않고 남에게 공개된다는 것이 기회라고 하겠다. 그렇다면 위험은 어떤 것일까? 자신을 청중에게 '파는 데' 집중하면 정작 자신을 잃게 되는 위험에 봉착한다. 그것은 우리가 지닌 인간다움을 잃게할 수도 있다.

'무대에서 무엇이 중요한가' 하는 문제에 대해 나는 '일치'라는 말로

답하고 싶다. 여기서 일치란 구체적으로 '무대 상황의 특성과 내 내면의 상태가 지니고 있는 특성을 일치시킨다'는 뜻이다. 이를 위해서는 내가 표현하는 것과 무대 상황이 내 내면의 상태에 상응해야 한다. 본질적인 사항은 그 모두가 내 무대에 대해 바깥에서 갖는 관심과 일치해야 한다는 것이다.

무대 상황과 내가 일치를 이룬다면, 집에서 평소 말하던 것보다 더욱 또렷하고 자신감 있게 발표나 연주를 할 수 있게 된다. 일치된 무대 소통은 이중의 과제를 포함하고 있다. 한 가지는 내게 적합한 것을 제대로 전달하는 일이다. 다른 한 가지는 무대가 기대하는 것과 내가 일치를 이루는 방식의 문제다.

자신감 넘치는 무대는 연습이 가능하다. 또한 연습해야 하는 것이다. 외적인 태도를 연습해 내면의 마음가짐을 조절한다면, 무대공포증을 겪고 있는 상태에서도 자신감을 갖고 무대에 오를 수 있다. 마음에 드는 위치를 확보하거나 자신감 넘치는 움직임을 보여주는 것, 즐거운 생각으로 무대에 오르는 일 자체가 거기에 적합한 감정을 불러오게 된다.

자신감 있는 태도, 일치된 동작과 표정은 그 같은 감정을 실제로 불러낸다. '마치 그런 것처럼 행동하기'의 효과는 외부로부터 안으로 진행된다. 우리는 우리가 그렇다고 상상하는 바로 그 모습이 된다. 자기 암시는 단순한 상상이 아니라 자신의 잠재력이 발휘되도록 끌어내는 방법이다. 이를 연습해 몸에 익히면 언제든 그 행동을 불러낼 수 있다.

그럼으로써 우리는 무대 위에서 벌어지는 어려운 상황이나 갑작스런 해프닝에 대해서 보다 영리하고 능숙하게 대처할 수 있을 것이다. 그래야 작은 실수나 잘못을 저질렀을 때 청중의 웃음소리를 듣고 치욕과 수치심에 휩싸여 괴로워하는 대신 자신 있게 상황을 넘기는 게 가능하다.

마치 그런 것처럼 행동하기의 대표적인 예는 아래와 같다.

- ✓ 자기 확신과 자신감을 발산하는 얼굴 표정
- ✓ 느긋한 긴장을 담아 의미를 표현하는 손의 움직임
- ✓ 상황을 완벽하게 제어하고 있다는 신호의 머리 자세
- ✓ 답답하지도 않고 정신없이 바쁘지도 않은 가볍고 유연한 걸음걸이

유머도 활용할 만하다. 웃음은 신체적 긴장을 변화시킬 뿐 아니라 자신감의 수준도 높이 끌어올린다. 더불어 다른 사람들도 쉽게 미소 지을 수 있게 만든다. 여러 번의 작은 성공 경험으로 더 큰 계획을 위한 자신감을 쌓아가는 것도 현명한 판단이다. 처음부터 단번에 모든 것을 다 보여주겠다고 하다가 큰 실패를 경험하는 것보다 바람직한 결과를 낳는다.

작은 걸음으로 시작해보라. 비판받는 것에 익숙지 않고 불안감을 여전히 떨칠 수 없는가? 그렇다면 레스토랑 같은 작은 공간에서 일단 한 번 연습해보라. 어떤 형태든 당신과 그리 가깝지 않은 사람들 앞에서 조금씩 연습해보는 게 좋다. 여러 도전을 통해 자신감을 꾸준히 가

늠해보라. 다가오는 도전을 생각하며 심장이 지나치게 두근거리는 것을 느낀다면 대개 자신의 걸음이 아직 너무 크다는 신호다. 시간을 갖도록 하라. 그러나 계속해서 작은 걸음을 내딛어야 한다는 것을 잊어서는 안 된다.

무대 발표를 목전에 두고 있다거나 이제 막 무대에 올라가야 할 때 '황제 훈련'이라는 것을 추천한다. 무대에 오르기 전에 자신이 황제 혹은 여왕이라고 상상하는 것이다. 머릿속으로 자신의 차림새를 황제처럼 그려보라. 머리에 왕관도 씌어주자. 이런 상상을 유지하면서 무대로 올라서는 것이다. 머리를 뒤로 젖히고 똑바로 품위 있게 걸어라. 균일한 리듬으로 차분하게 움직여라.

무대 위에서는 겉으로 드러나는 개성의 '전면'을 요구한다. 이를 눈에 보이지 않는 '이면'과 어떻게 조화시킬 수 있을까? 다시 말해 여전히 우리 안의 느낌과 바깥을 어떻게 조화시킬 수 있을까?

어떤 사람이든 살아온 시간과 경험을 통해 고정된 몇 가지 성격 특성이 있다. 예를 들면, 쉽게 부끄러워하거나 불안해하는 성격이다. 예민하거나 심약한 특성 유형도 있다. 특히 이런 성격들은 상처입기 쉽고, 필사적으로 보호받기를 원한다. 이떻게든 숨으려 하다가 약점이 사람들에게 보이지 않게 되면 대단히 기뻐한다.

무대 위에서 요구되는 감정과 내부 심리 간의 불균형을 해소하는 일은 '내면의 연출자'가 맡아야 하는 과제다. 그 연출자는 내면의 조화를 지키면서, 무대 위에서 필요한 것들과 청중이 기대하는 것들을 충족시켜야 하는 존재다. 하지만 절대 쉽지 않은 과제를 안고 있다. 다른 감정을 압도하는 내면의 목소리만을 스포트라이트 속으로 나아가게 한다면 내면에서 험악한 기후가 조성된다. 우리가 진짜 원하는 것을 보이콧하고 거부하는 일로 이어질 것이다. 이런 상황에 빠진 어떤 사람은 이렇게 한탄한다.

"밤마다 활기찬 엔터테이너로 살고 있지만, 모든 게 부질없고 황량하면서 공허하게 느껴질 뿐이다."

청중은 무대 발표자의 전면만을 보려고 하지만 내면의 연출자는 계속해서 자신의 '그림자'와 접촉한다. 그 모습은 아주 다양한 형태를 갖는다. 누군가 청중에게 에너지를 담아 유머를 한껏 선사한다. 그러나 그 이면에선 그의 다른 반쪽이 의문을 품고 있을 수 있다.

"이게 다 무슨 짓이야? 도대체 왜 이따위 것을 하는 거야?"

어떤 사람은 자신감 넘치는 전문가로 활동하다가 갑자기 당황스러울 정도로 어두운 내면을 대하면서 불안에 빠진다.

그 불안에 대처하는 모습은 사람에 따라 천차만별일 수 있다. 그렇지만 크게 보면 대략 다섯 가지 유형이다.

| **달팽이집 유형** | 어떻게든 물러서서 피하거나 차라리 혼자 있고 싶어 하는 경향이 있다. 무대에 오를 때마다 엄청나게 긴장하고, 혹시라도 청중을 피할 수 있으면 몹시 즐겁다.

| **빛 유형** | 누구나 그가 즐거움을 전염시켜 주기를 기대한다. 스스로도 남

들이 내면의 슬픔을 알아채지 못하도록 열심히 노력한다.

| 도우미 유형 | 계속해서 다른 사람들에게 도움을 주면서도 정작 자기 자신을 도와줄 누군가가 필요하다.

| 자신감 유형 | 바깥으로 확신을 보여주기 위해서 자기 의심을 계속 억누른다.

| 개그맨 유형 | 유머와 위트로 모든 상황을 넘기면서 내면적으로는 공격적이고 신랄한 마음을 품고 있다.

'내면의 연출자'가 어떻게 제 기능을 발휘할 수 있을까? 첫 걸음은 청중을 두려워하는 내면을 인정하고 존중하는 것에 있다. 그것만으로 이미 많은 것을 얻을 수 있다. 두 번째는 두려움에 흔들리는 심리에 적극적으로 대처하는 것이다. 공포심을 몰아내거나 잊어버리는 것이 해결책처럼 보일 수도 있지만 사실상 가능하지도 않고 바람직하지도 않다. 무대공포증은 우리가 최선을 다하기 위해 필수적인 요소도 되기 때문이다. 그래서 '적군'인 무대공포증의 숨겨진 가치를 찾아 이용하는 게 중요하다. 계속 강조했듯이 말이다.

어떤 사람은 무대에 오르면 저절로 빛을 발한다. 그러나 대부분은 그저 형식적인 박수를 받을 뿐이다. 무대는 숨소리 하나 없는 고요한 공간이다. 그곳에서 실력을 발휘하기 위해 온갖 노력을 하고 과제 하나하나를 세밀하게 익혔지만 결과는 기대 이하에 머물고 만다. 재능이 무대에서 빛을 발하기 위해선 어떻게 해야 할까? 그것은 고전적인 의미에서의 '아름다움'과는 아무래도 별로 관련이 없다.

무대 위에서 긍정적인 빛을 발하기 위해서는 발표자의 말과 행동이 내면의 상태와 일치해야 한다. 이들이 따로 떼어놓을 수 없이 하나로 묶여있기 때문이다. 그들이 잘 조화되어 있을 때 비로소 외부에서 진실을 바라본다. 그것은 긍정적인 빛을 넘어 카리스마를 형성한다.

사회심리학자인 로타르 로Lothar Laux는 자기 품성의 전달을 중요한 문제로 다뤘다. 발표자 스스로 인지하고 있는 자신의 품성을 전달하는 데 카리스마의 핵심이 있다는 것이다. 다시 말해서 카리스마를 갖기 위해서는 무엇보다 자긍심이 필수적이다.

예를 들어 속마음으로 자기 자신이 별로 자랑할 것이 없다든지 잘난 구석이 없다고 확신하면, 즉 자긍심이 약하다면 밖으로 뿜어낼만한 빛도 가지고 있지 못하다. 물론 반대되는 이론도 있다. 심리학자 아스트리드 슈츠Astrid Schütz는 과도한 자긍심은 다른 사람들에게 반발심을 불러일으킨다고 실험으로 증명했다. 이는 거리낌 없는 자기표현이 좋은 반응을 부르는 데 항상 유리하지만은 않다는 사실을 증명한다. 지나친 자긍심은 관심을 끌어 모을 수 있지만 공감을 얻긴 힘들다. 그러나 이는 어디까지나 자기 표현이 과할 경우다. 적당한 수준에선 이로운 점이 더 많다.

카리스마를 지닌 사람은 원하는 순간에 자기 행동을 완전히 일치시키는 재능을 가지고 있다. 자신의 힘을 한 다발로 묶어서 자신의 과제에 집중시킨다. 자기 자신을 있는 그대로 받아들일 줄 알 뿐만 아니라 다른 사람들에게도 그들이 중요한 존재이고 주목받을 가치가 있다는 느낌을 안겨준다.

무대공포증을 겪고 있는 상태에서도 우리는 연극하듯이 자신감 넘치고 확신에 찬 태도를 취할 수 있다. 앞서 언급한 '마치 그런 것처럼 행동하기'의 변장을 통해 우리가 바라는 모습에 내면적으로 더 가까이 접근하는 법을 배우는 게 가능하다. 일단 쓰고 본 가면이 실제로 원하는 자신을 불러올 수 있다는 말이다.

사람들 앞에 서서 자신을 표현하는 사람은 자신이 연기를 할 것인가 아닌가를 선택할 수 없다. 역할을 제대로 할 것인가 엉망으로 할지만을 선택할 수 있을 뿐이다. 어떤 사람이 무대 위에서 발하는 영향력은 강연자, 교사, 지도자, 지휘자, 면접시험 응시자 등등 그 누구가 됐건 무대 상황에서 그가 맡은 역할을 완전히 받아들였는지의 여부에 크게 좌우된다. 무대를 바깥의 요구라고 생각하는지, 혹은 자기 의지에 따른 결정으로 보는지에 따라 결정적인 차이가 생겨난다. 많은 사람이 강연을 위해 양복을 입거나 무대에서 특정한 의상을 입을 때 '인상관리'라는 걸 무시한다. 그렇지만 복장은 무대의 가치를 우리가 어떻게 평가하고 있는지 보여주는 신호다. 그래서 겉모습은 사람들 앞에서 무척이나 중요하다.

허술해보이는 의상은 자신이 오르는 무대를 특별히 중요하게 여기고 있지 않다는 신호로 해석된다. 그 생각은 곧바로 청중에게 전달되는 공명 효과로 이어진다. 청중 역시 무대 위 사건에 특별한 의미를 부여할 필요가 없다고 느끼게 되는 것이다. 반대로 잘 차려입은 무대 발표자는 그가 무대에 갖는 의미가 아주 높다는 사실을 드러낸다. 이는 긍정적인 관객의 공감으로 이어진다.

무대 위 활동은 복합적인 소통 행위이기에 진정성과 연극적 의지 사이의 균형이 중요한 요소다. 무대 위에서 본래의 자기와 너무 다른 모습을 보이는 사람은 괴롭다. 하지만 청중이 바라는 모습에서 너무 많이 벗어나는 사람은 금세 청중의 외면을 받을 수밖에 없다. 때문에 자신이 꾸민 모습을 얼마나 연극 같이 않게 보여주는가 하는 것은 무대에서 핵심적인 성공요소다. 잠깐의 무대에서 중요한 것은 무대 위의 발표자가 전하려는 취지를 청중 혹은 관객이 어떻게 해석할 수 있는가 하는 것이다.

깊은 감동을 위해선 진정성이 필요하다. 무대 위의 진정성은 마음대로 규정할 수 없는 현상이다. 억지로 강요되는 노력은 기껏해야 겉치레에만 신경쓰게 한다. 진정성이 있어야만 자긍심이 발전한다.

진정성과 자긍심을 자극하기 위해 준비 훈련이 있다. 긍정적인 체험을 가급적 많이 떠올려보자. 머릿속에서 그 경험을 생생하게 되살려보는 것이다.

이를 위해 지난해에 있었던 가장 중요한 성공의 열 가지 체험을 적어보자. 또, 무대공포증이 있었음에도 제대로 마칠 수 있었던 일들을 생각해보자. 어떤 특성이나 자원들을 이용해 어려움을 훌륭하게 이겨낼 수 있었던가? 다시 한 번 냉정하게 평가하고 되새겨보자.

첫인상의 마력

무대 위의 첫인상에 두 번째 기회란 없다. 무대에 등장하는 첫 순간, 청중에겐 생각보다 많은 정보가 전달된다. 영향은 생각보다 오래 간다. 또한 우리를 보는 관객이나 청중의 태도에도 영향을 미친다. 그래서 첫인상을 심을 기회는 온전히 자기 것으로 만들어야 한다. 그 과정을 단순히 우연에 맡기면 안된다.

무대공포증을 겪는 중에도 최고의 인상을 심어주기 위해서는 신체를 활용해야 한다. 바로 동작과 자세를 이용해서다. 의도적으로 자세와 동작을 수정하면 대부분의 불필요한 긴장을 해소할 수 있다.

무대공포증을 겪을 때면 무언가를 표현하기 위한 동작이 작아지고 위축되는 경향이 있다.

경직된 근육은 무대공포증을 불러오고, 무대공포증은 다시 경직된 상태를 악화시킨다. 그 때 우리는 글자 그대로 작아진다. 머리를 움츠리고, 목이 짧아진다. 어깨도 위로 올라가고 팔은 잔뜩 긴장돼 몸에 들어붙는다. 이렇게 자신을 왜소하게 만드는 행동은 결국 자기 표현 자체를 위축되게 만든다. 악순환에서 벗어나는 길은 작은 동작들을 활용하는 것이다. 초조함을 완전히 없앨 수는 없다. 그러나 다음의 동작들을 통해 그 불안감을 줄이는 건 가능하다.

- ✓ 감정을 숨기지 말고 얼굴로 보여준다.
- ✓ 팔을 물결치듯 가볍게 흔들어 본다.
- ✓ 온몸을 긴장시켰다가 풀어주는 '놀이'를 반복한다.

이들은 사실 긴장감이 들 때 저절로 하게 되는 동작들일 것이다. 다만 무대 위에서는 그 움직임을 조금은 더 크게 해도 좋다. 발표 내용에서 크게 벗어나거나 무대의 분위기를 깨뜨리지 않는 범위라면 얼마든지 그럴 수 있다.

다만 무대에서 이리 저리 걸어 다니는 모습은 좋지 않다. 청중에게 두렵고 불안한 느낌을 준다. 스스로에게도 마찬가지다. 얼굴, 손, 몸통을 자연스럽게 움직여주면 근육에 새로우면서도 가벼운 자극을 줄 수 있다. 예를 들면 손목을 잠깐 팽팽하게 당기는 것만으로 어깨 근육에 변화를 준다. 무릎 관절을 가볍게 움직여줌으로써 골반부의 상태도 변하게 된다. 신체는 어디나 서로 연결돼 있다. 평소에 이런 작은 동작들을 놀이삼아 시험해 보는 게 좋다. 여기서 잊지 말아야 할 것은 해야 하는 움직임이 '작은 동작'이라는 점이다. 지나친 동작은 다른 신체 부위에 과도한 긴장으로 이어질 수 있다.

많이 움직일수록 좋다! 이 말은 무대 위의 진리와 같다. 통제된 작은 동작들은 근육을 유연하게 하고 그 결과 침착하고 태연한 자세를 만들어 낸다. 무대 위에서 뻣뻣하게 경직되어 서 있는 것은 긴장과 두려움을 유발한다. 그래서 많은 사람들이 사람들 앞에서 말을 할 때 손과 팔을 등 뒤로 숨긴다. 뒤로 숨긴 손이 주는 메시지는 (적어도 관객들이 이해하기에) 이런 것이다.

"나는 여러분 앞에 서서 두려움을 느낍니다."
"나는 무언가를 숨기고 있습니다."
"나는 여러분과 공감하고 싶지 않습니다."

관객과 소통하기 위해서는 자신이 열려 있음을 보여주어야 한다. 이를 표현하기 위해선 손과 팔을 좀 더 앞으로 뻗어 보자. 사람들과의 거리감이 줄어드는 효과가 있다. 때때로 의도적으로 팔이나 손 등 원하는 신체 부위에 살짝 긴장을 주었다가 이완시키는 것도 좋다. 이렇게 조금씩 움직이는 동작은 신체가 움직일 수 있는 여지를 확대하고 두려워서 피하려는 마음을 줄인다.

무대를 위한 준비 운동

다음에 소개하는 운동들은 근육과 관절을 유연하게 만드는 효과가 있다. 더 나아가 호흡에도 큰 영향을 미친다. 호흡이 훨씬 편하고 자연스러워지는 것이다. 이런 운동을 통해 각자 자신에게 가장 적합한 동작과 움직임을 만들어낼 필요가 있다.

의도적으로 몸을 움직여주는 것은 사고와 감정이 적합한 방향으로 재설정되게 만든다. 무대 위에 서 있을 때 이 동작을 떠올려 실행해 보는 것도 스스로 위축되는 상황에 맞서는 좋은 시도가 될 것이다.

 늘이기와 펴기

눈을 감고 몸을 길게 늘여본다. 이 때 당신의 몸이 쉽게 늘어나는 물질로 이루어져 있다고 상상해보라. 그것은 어느 방향으로나 늘어날 수 있는 물질이다. 그 물질에 정신을 집중해보자. 팔을 늘이면서 두 배로 길게 늘어날 때까지 팔이 점점 커지고 늘어나는 모습을 상상해보라. 이번엔 다리로도 같은 동작과 상상을 한다. 허리 위쪽의 상체도 천천히 위로 늘어나게 해보자.

무릎이 후들거리는가? 무릎이 후들후들 떨리는 느낌을 알고 있다면 무대 등장 전에 다리 강화 훈련을 하는 게 도움이 된다. 공간을 가로 질러 쿵쿵 걸으면서 당신의 다리가 품고 있는 힘을 느껴보자. 다리를 흔들어 털고는 다시 긴장시켰다가 푼다. 그 다음 새로운 느낌으로 바닥을 딛는다.

변형된 방법이 또 하나 있다. 의자에 앉아서 다리를 수평으로 길게 뻗는다. 허벅지 근육을 최대한 강하게 긴장시킨다. 최대한 오래_{약 10초 정도} 긴장을 유지하다가 다리를 아래로 다시 낮춘다. 이완되는 느낌이 온 몸으로 퍼져가는 것이 느껴지지 않는가.

 경직된 뒷목과 어깨 풀기

뒷목이 뻣뻣하게 경직되는 현상은 목을 천천히 이리저리 돌려줌으로써 풀어진다. 그래야 위축된 목덜미 부위 근육들이 늘어난다. 더불어 손가락 끝으로 귀 아래쪽을 원을 그리듯 움직이면서 지그시 눌러주는 동작을 하면 뒷목 경직을 푸는 데 좋은 효과를 볼 수 있다.

다음은 어깨를 푸는 동작이다.

어깨를 거의 서로 닿을 정도로 뒤로 최대한 많이 당긴다. 또, 한쪽 어깨를 위로 당기고 반대편 어깨는 아래로 떨어뜨린다. 이 동작을 교대로 반복한다. 머리도 아주 서서히 오른쪽에서 왼쪽으로 돌렸다가 이번엔 반대로 한다. 고개의 움직임이 점점 더 유연해지고 동작의 반경이 점점 더 커질 것이다.

다른 방법도 있다. 머리를 천천히 조심스럽게 최대한 뒤로 젖힌다. 이제 머리를 젖힐 때와 마찬가지의 느린 속도로 앞으로 움직여 본래의 위치로 가져온다.

전반적으로 주의해야 할 게 있다. 모든 동작이 날숨으로 시작한다는 점이다. 어떤 운동 동작이 힘들다고 생각되면 곧바로 확실하게 숨을 내뱉고 있는지 확인해야 한다.

시선 접촉 능력 키우기

어조와 말 외에도 중요한 소통의 수단이 있다. 바로 눈이다. '관심의 초점에 서 있다'는 말이 괜히 있는 게 아니다. 무대 위에서 말을 하면서 시선을 받는 사람은 관객과 진지한 접촉을 시도한다. 많은 사람들은 타인과 직접 시선을 맞추는 게 무례한 행동이라고 생각한다. 그러나 무대에서는 정반대이다. 오히려 시선 접촉을 피하려는 사람이 무례하다. 청중은 시선을 원한다. 무대에서 청중에게 시선 접촉을 피하는 행동은 거리를 두겠다는 의도와 같다. 무대의 주인공이 시선을 피할 때 청중은 점점 더 멀어진다. 이들에게 심지어 무시당하는 느낌을 주기도 한다. 청중들은 발표자와 시선이 닿을 때 개인적인 말을 나누고 있다고 느낀다. 또, 그렇게 시선이 닿아 있을 때 발표의 내용을 더욱 쉽게 받아들인다. 시선은 친근함 이상의 의미를 가지고 있는 것이다.

그것은 자신의 개성과 인상을 강화시켜주는 수단이기도 하다. 시선 접촉의 효과에 대해 이미 많은 연구들이 진행됐다. 그 결과 시선을 맞추면서 소통이 이뤄져야 청중들이 더 많은 것을 기억하는 것으로 밝혀졌다.

시선 접촉은 기계적이기 쉽다. 사람들이 일상에서 틀에 박힌 인사를 나눌 때처럼 말이다. 이 때 수많은 소통의 가능성이 무의미하게 사라진다. 무대를 떠나 서로 일상적으로 인사를 나눌 때에도 꼭 배워야 할 태도가 있다. 어느 아프리카 부족은 일상에서 이렇게 인사를 나눈다.

"나는 당신을 봅니다."

이 말에서 무엇인가를 배울 수 있다면 훨씬 더 풍요로운 소통이 가능해진다.

시선에 익숙하지 않은 사람들이 무대에 오르면 눈길이 그야말로 방황한다. 청중의 눈을 피하기 위해서다. 대신 바닥을 보거나 천장을 응시하는 사람들이 있다. 창밖을 바라보기도 한다. 원고를 놓고 강연할 때 청중과의 시선 접촉 능력을 키우자 한다면 다음의 두 가지 연습이 효과적이다.

| 작은 휴지부 만들기 |

준비한 원고에서 최대한 많은 문장을 읽으며 기억한다. 이후에 고개를 들고 청중과 시선 접촉을 시도하면서 읽어둔 내용을 말한다. 말을 하고 나서는 다시 한 번 청중들을 바라본다. 그리고 이제 다시 시선을 내리고 다시 크게 힘들이지 않고 기억할 수 있을 만큼의 말을 읽는다.

이런 방식으로 글을 낭독하면 어색하지 않은 강연이 된다. 청중들이 계속해서 당신과 시선을 맞출 수 있기 때문이다. 또 다른 장점이 있다. 계속해서 작은 휴지부가 생긴다는 점이다. 당신이 말하기 위해 글을 읽는 동안 청중들은 지금까지 들은 내용을 정리할 시간을 가질 수 있다. 강연자 스스로도 차분하게 확신을 갖고 말할 여유가 생긴다.

| 시선의 대화 |

당신이 연설을 하고 있다고 상상해보자. 청중들과 눈을 맞추려고 한다. 시선이 강연장 여기저기를 훑어본다. 거기엔 친절한 눈길은 물론 지겨워하는 눈길, 찡그린 눈길도 있다. 또한 기대에 찬 눈길과 긴장된 눈길도 있다. 당신에게 특히 편안하게 느껴지는 눈길을 찾아보라. 그 눈과 잠시 눈을 맞추고 다시 이동한다. 강연을 해나가며 중간 중간 다시 당신이 선택한 편안한 눈길로 돌아오라. 그 눈길에서 느껴지는 편안함과 공감을 즐겨라.

청중에게 줄 수 있는 가장 아름다운 선물은 웃음 짓는 시선이다. 그것은 청중을 초대하는 윙크와 같다. 당신이 그들을 깊이 고려하고 있고 그들의 가치를 인정하고 있다는 신호인 것이다. 우리가 눈웃음을 지을 때, 그것은 우리 자신만이 아니라 청중들에게도 힘이 된다. 스스로 인정받고 있다고 느끼기 때문이다. 유연하고 활짝 열린 자세와 무기를 내려놓은 듯 편안한 웃음은 무대공포증에 대처하는 가장 귀중한 선물이다.

✚ 구급상자 ✚

무대공포증의 응급 처방

청중 앞에 섰을 때 나타날 수 있는 증상들을 우선 나열한다. 각 증상에 맞게, 구급상자 안에는 무대에 나서기 바로 전에 도움이 될 수 있는 처방도구가 들어있어야 할 것이다. 주의사항이 있다. 해당 증상을 먼저 명확하게 인식하는 작업이 처방에 앞서 선행돼야 한다. 무대공포증의 증상과 그에 맞는 대응법을 하나씩 살펴보자.

증상 | 불행과 파멸의 느낌

01 불행과 파멸이 주는 두려움에 대해 생각하며 알파벳을 거꾸로 말하라.

02 두려움을 떠올리며 이번엔 구구단을 암송하라.

03 마지막으로 눈알을 왼쪽에서 오른쪽으로, 다시 반대로 번갈아 움직인다.

증상 | 분노의 느낌

01 의자에 앉아 발을 평행으로 놓고 손을 허벅지 위에 올린다. 그 다음엔 분노를 사람의 모양으로 상상하라. 그를 향해 떠오르는 모든 심상을 말로 표현하라.

02 욕을 하면서 분노를 터뜨려라. 속이 시원하게 제대로 부글부글 끓어오르는 화를 밖으로 뿜어내라.

03 이어서 몇 번 깊이 호흡을 하고 나서 거리낌 없이 입이 찢어지도록 하품을 한다.

증상 | 정신적으로 긴장된 느낌

01 과잉 생산된 정신적 에너지를 눈꺼풀을 통해서 내보낸다고 상상하라.

02 이번엔 코 옆쪽에 입과 턱을 잇는 근육을 마사지하라. 정신적 긴장을 줄이는 방법 중 하나다.

경직되고 무기력한 느낌

01 가슴에서부터 즉흥적인 멜로디를 울리게 하고(목에서가 아니라), 그 선율에 집중한다.
02 그 멜로디가 당신에게서 요구하는 모든 것을 느껴보라. 어색하더라도 멜로디의 자극을 거부하지 말아야 한다.
03 멜로디의 자극을 몸으로 자유롭게 표현해보자.

신체적 긴장

01 몸을 움직이며 대기실을 가로질러 걸어라.
02 걸으면서 아름다운 것들을 생각하라. 영화, 풍경, 흥미로운 만남, 좋아하는 동물, 그 어떤 것이라도 좋다. 생각을 이어가며 몸의 신장이 풀려가는 것을 느낀다.

얼굴 근육의 경련

01 아래턱에 힘을 빼서 가볍게 움직여라. 움직임이 부드러워졌다고 느낄 때까지 아래턱을 앞뒤로 움직이고, 열었다 닫았다 하고, 원도 그린다.
02 과장되게 인상을 찌푸린다. 동시에 아무 소리나 함께 내는 것도 좋다.
03 늘어지게 하품을 한다.

증상 　**피로하고 권태로운 느낌**

01　어떤 덩어리가 달라붙어 있어 이를 털어낸다고 상상하며 몸을 흔든다.
02　힘차게 몸을 털면서 소리도 함께 낸다.

증상 　**에너지가 부족한 느낌**

01　하품을 하면서 턱관절을 가볍게 마사지한다.
02　특히 턱의 긴장된 부위를 마사지하라.

증상 　**손이 차가운 느낌**

01　팔을 머리 위로 올리면서 풍차처럼 크게 원을 그리는 운동을 하라.
02　마치 나비처럼 온몸을 털어라. 남들이 본다면 다소 이상해보이겠지만 혀도 함께 내밀면 더욱 효과적이다.

증상 　**발이 차가운 느낌**

01　다리와 발을 힘차게 털어라. 그리고는 바닥을 세게 디딘다.
02　직접 발마사지를 한다. 물론 그보다 더 좋은 것은 발마사지를 받는 것이다.
03　등받이 없는 의자에 앉아라. 양발 사이의 간격은 20cm정도를 유지하라. 뒤꿈치를 바닥에 대고 체중을 싣는다.

증상 · 뱃속이 부글부글할 때

01 배를 마사지한다. 동시에 양손으로 원을 그리듯 문질러라.
02 오른손을 심장 위치에 놓고, 배에서 바깥으로 밀려나오는 긴장 해소의 느낌에 집중해보자.

증상 · 혼란스러움

01 깊게 호흡한다. 숨을 들이마실 때의 네 배 시간만큼 길게 숨을 멈춰라.
02 들이마실 때보다 두 배 길게 숨을 내뱉는다.

증상 · 초조함

01 무대 등장 전에 초조함이 심하다면 얼굴에 물을 뿌려보거나 찬물 한 잔을 마신다.
02 찬물에 잠깐 얼굴을 담그는 것도 좋다.

증상 · 불안감

01 바닥에 등을 대고 누워서 긴장을 풀어라. 몸이 점점 무거워지면서 바닥에 잠기는 느낌을 가져본다.
02 한동안은 누운 채로 있어라. 양손 주먹을 몇 번 말아 쥐고 나서 천천히 현실로 돌아온다.

Epilog
맺음말

두려움을 용기로

마무리는 언제나 시작보다 중요하다. 사람들 앞에서도 마찬가지다. 관객들은 주로 무대에서의 마지막 말을 집에 가져 간다. 미숙한 강연자는 마무리가 확실치 못하다. 끝을 낸 것인지 아직 말할 것이 남은 것인지 애매모호한 여지를 남기는 경우가 많다.

이 책에 있어 필자의 맺음말은 분명하다. 무대공포증을 겪는 와중에서도 두려움을 용기로 바꿀 수 있다는 것이다. 이 사실을 독자 여러분이 최소한 개념으로나마 이해하길 바란다. 나아가 실천까지 이어지기를 소망한다. 두려움을 자아내는 것은 무대에 선 사람에게 주어진 과제가 아니다. 관객에서 부정적인 평가를 받게 될 거라 지레짐작하고 사람들의 판단을 엉뚱하게 상상하면서 공포심리가 생겨난다. 무대공포증에 끄떡없는 사람은 자신의 삶에 집중하면서 무대공포증을 동반자이자 메시지의 전달자로 이용하는 법을 알고 있다. 무대공포증은 배척되어야 할 대상이 아니다. 두려움을 부정하거나 그것에 맞서 싸우는 대신에 무대공포증이 야기하는 다양한 증상들을 이성적으로 관찰할 때 변화는 시작된다. 두려움의 목소리를 수용하고 다른 감정들과 상호간에 토론을 벌이면서 합리적인 조화를 이끌어야 한다. 이 때 무대공포증은 이때야 비로소 두려움에서 용기로 바뀐다.

이를 위해 우리는 두려움의 메시지를 해석해낼 줄 알아야 한다. 경직된 원칙만 따르는 것은 올바른 해결책이 아니다.

"넌 가끔 내 인생을 힘들게 만들지만, 그래도 괜찮아."

어느 날 당신에게 불쑥 곁에 찾아온 무대공포증에게 언젠가 이렇게 말할 수 있다면 이 책은 그 의미를 충분히 실현한 셈이다.

참고문헌 Reference

Andreasen, N.C., *Brave New Brain. Geist-Gehirn-Genom. Berlin*, Heidelberg, NewYork: Springer 2002

Antonovsky, A., *Unraveling the Mystery of Health: How People Manage Stress and Stay Well*. San Francisco: Jossey-Press 1987

Bauer, J., *Das Gedächtnis des Körpers. Wie Beziehungen und Lebensstile unsere Gene steuern*. Frankfurt: Eichborn 2002

Bohne, M., "Auftrittsängste. *Die Geißel der Musiker und ihre, harmonische Auflösung*'". In: Das Orchester 11/03, S. 8–12

Buchs-Quante, U., *Voice Power*. Heidelberg, Kröning: Asanger 2002

Csikszentmihalyi, M., Flow. *The Psychology of Optimal Experience*. NewYork: Harper & Rowe 1990

Damasio, A.,*The Feeling of What Happens: Body and Emotion in the Making of Consciousness*. London: Vintage 2000

Ellis, A., *Die rational-emotive Therapie. Das innere Selbstgespräch bei seelischen Problemen und seine Veränderung*. München: Piper 1977

Fahrenberg, J., *Entspannung. Lexikon der Psychologie*. Heidelberg: Spektrum Akademischer Verlag 2000 (Band 1 von 5).

Flammer, A., *Erfahrungen der eigenen Wirksamkeit. Einführung in die Psychologie der Kontrollmeinung*. Bern, Stuttgart, Toronto: Huber 1990

Greenberg, J. S., *Comprehensive Stress Management*. 3.Aufl., University of Maryland: Wm. C. Brown Publishers 1990

Hüther, G., *Bedienungsanleitung für ein menschliches Gehirn*. 2. Aufl. Göttingen: Vandenhoeck & Ruprecht 2001

Hüther, G., *Biologie der Angst. Wie aus Stress Gefühle werden*. Göttingen: Vandenhoeck & Ruprecht 1997

Kia, R. A., *Stimme. Spiegel meines Selbst*. 2. Aufl. Braunschweig: Aurum 1992

Kirschbaum, C., Pirke, K., Hellhammer, D., „*The Trier Social Stress Test*." In: *Neuropsychobiology* 28, 1993, S. 76 – 81

Klöppel, R., *Das Gesundheitsbuch für Musiker. Anatomie, berufsspezifische Erkrankungen, Prävention und Therapie*. Kassel: Bosse 2003

Kopitzki, C., *Lampenfieber bei Musikern. Umgang und Präven- tionsmöglichkeiten*. Fernwald: Musikverlag Burkhard Muth 2007

Liebelt, P., Schröder, H., „*Prävention und Intervention der Podiumsangst – Aufbau und Evaluation eines psychologischen Gruppenprogramms*." In: *Musikphysiologie und Musikermedi- zin* 1, 1999, S. 7–13 Mantel, G., *Mut zum Lampenfieber*. Mainz: Schott 2003

Meaney, M., „*Nature, Nurture and the Disunity of Knowledge*." In: *Annals of the New York Academy of Sciences* 935, 2001, S. 491– 497

Metzig, W., Schuster, M., *Prüfungsangst und Lampenfieber. Bewertungssituationen vorbereiten und meistern*. Berlin, Heidel- berg: Springer 1998

Middendorf, I., *Der erfahrbare Atem*. Paderborn: Junfermann 1984

Möller, H., „Lampenfieber und Aufführungsängste sind nicht dasselbe!" In: Üben & Musizieren 5/99, S. 13-19

Mornell, A., Lampenfieber und Angst bei ausübenden Musikern. Schriften zur Musikpsychologie und Musikästhetik (14). Frank- furt: Europäischer Verlag der Wissenschaften 2002

Morschitzky, H., Angststörungen. Diagnostik, Erklärungsmodelle, Therapie und Selbsthilfe bei krankhafter Angst. Wien, New York: Bosworth 1998

Mummendey, H. D., Psychologie der Selbstdarstellung. Göttingen: Hogrefe 1995

Petzold, H. (Hrsg.), Integrative Therapie. Ausgewählte Werke Bd. II, 3: Klinische Praxeologie. 2. erw. Aufl. Paderborn: Junfer- mann 1999

Petzold, H. et al., „'Integrative Traumatherapie' - Modelle und Konzepte für die Behandlung von Patienten mit ‚posttraumatischer Belastungsstörung'". In: Van der Kolk, B. A., McFarlane, A. C., Weisaeth, L. (Hrsg.), Traumatic Stress. Grundlagen und Behandlungsansätze. Paderborn: Junfermann 2000

Petzold, H., Psychotherapie & Körperdynamik. Verfahren psycho- physischer Bewegungs und Körpertherapie. 4. Aufl. Pader- born: Junfermann 1981 Richter, H. E., Umgang mit Angst. Hamburg: Hoffmann und Campe 1992

Roth, G., Das Gehirn und seine Wirklichkeit. Kognitive Neuro- biologie und ihre philosophischen Konsequenzen. Frankfurt: Suhrkamp 1996, 2000

Schacter, D. L., Wir sind Erinnerung, Gedächtnis, Persönlichkeit. Reinbek: Rowohlt 1999

Scheerer, H., *Reden müsste man können.* Offenbach: Gabal 1995 Schmitz, H., *Leib und Gefühl. Materialien zu einer philosophi- schen Therapeutik.* Hrsg. Gausebeck, H., Risch, G. Paderborn: Junfermann 1989

Schütz, A., *Psychologie des Selbstwertgefühls. Von Selbstakzeptanz bis Arroganz.* Stuttgart: Kohlhammer 2000

Schulz von Thun, F., *Miteinander reden 3 – Das „innere Team" und situationsgerechte Kommunikation.* Reinbek: rororo 2003

Seidel, E., Höpfner, R., Lange, E., „Vergleichende Studie zu kli- nisch relevanten Belastungsfaktoren bei Musikstudenten und Berufsmusikern." In: *Musikphysiologie und Musikermedizin 4*, 1999, S. 115–119

Seligman, M. E. P., *Erlernte Hilflosigkeit.* München: Urban & Schwarzenberg 1986

Silber, O. H., *Klangtherapie – Weg zur inneren Harmonie.* Frei- burg: Herder 2003

Spitzer, M., *Selbstbestimmen. Gehirnforschung und die Frage: Was sollen wir tun?* 1. Aufl. Heidelberg, Berlin: Spektrum Akademischer Verlag 2004

Tabbert-Haugg, C., „Alptraum Prüfung. Gestörtes Prüfungsverhalten als Ausdruck von Schwellenängsten und Entwicklungskrisen." In: *Leben lernen* 158. Stuttgart: Pfeiffer bei Klett-Cotta 2003

Tarr Krüger, I., *Die magische Kraft der Beachtung. Sehen und gesehen werden.* Freiburg: Herder 2001

Tarr, I.,*Vom Lampenfieber zur kreativen Energie.* Stuttgart: Kreuz 2003 (überarb. Ausgabe des 1993 erschienenen Titels *Lampenfieber. Ursachen, Wirkung, Ther-*

apie)

Tarr, I.,"Wovor hast du Angst? Musikunterricht kann Lampenfieber erzeugen und verhindern helfen." In: *Üben & Musizieren* 5/03, S. 44–47 Tarr, I.,*Vom Lampenfieber zur Vorfreude. Sicher und souverän auftreten.* Heidelberg, Kröning: Asanger 2004

Tarr, I., *Bühnenangst bei Musikern. Differentielle Integrative Behandlung von Bühnenangst* (DIBB). Wissenschaftliche Beiträge Bd. 6.Marburg: Tectum 2008

Toennies, S., *Mentales Training für die geistig-seelische Fitness.* Heidelberg: Asanger 1998

Tönnies, S., *Entspannung, Suggestion, Hypnose.* Heidelberg, Kröning: Asanger 2002

Wilson, G., *Psychology for Performing Artists.* London, Philadelphia: Whurr 2002